JN061094

マドンナメイト文庫

人妻白書 寝取られ懺悔録

素人投稿編集部

第三章▼許されざる淫交に嵌って苦悩する人々

第四章▼新たな牡を求めて彷徨う牝たちの本能

※本書に掲載した投稿には、読みやすさを優先して、編集部でリライトしている部分もあります。なお、投稿者・登場人物はすべて仮名です。

第一章▼寝取られる悦びに痴態を曝け出す熟女

夫の留守中に逞しい義弟に迫られて初めてのSM体験で絶頂する三十路妻

川口真弓　パート主婦・三十七歳

独身のときからSMってどういう感じなんだろうって、ずっと思っていたんです。それも、性欲みたいなものがムクムクと大きくなってきた思春期のころからです。

夫を含めてつきあった男性は何人かいましたが、そんなことを言えるはずもなく、悶々《もんもん》と妄想するだけで実際にプレイしたことはありませんでした。

ところが去年の秋、とうとう経験してしまったんです。手足を縛られたり、乳首を洗濯バサミではさまれたりして、すごく興奮してしまいました。

相手は五歳年上の夫の実の弟、三歳年上の義弟です。

ええ、私、義弟と淫らな不倫セックスを繰り返しているんです——。

きっかけは、夫の出身地でもある静岡に住んでいる義弟が、東京に来たついでにうちに泊まりにきたことでした。内装工事の仕事をしている義弟は、東京のメーカーと取り引きが多く、月に何度か上京しているらしいのです。ただ、静岡は十分に日帰りできる距離なので、いつもはそうしているみたいでした。

ですが、その日は、夫が「たまにはいっしょに飲みたいから、うちに泊まってけよ」と半ば強引に呼んだんです。なのに、商社に勤める夫は、その日の夕方、仕事でトラブルが発生したとかで急な出張になって、九州に行ってしまったんです。その連絡をもらったときには、義弟はすでにうちのマンションに到着していました。

「えーっ、もうシャワー浴びてるのに、いまさら帰ってとか言えないよ」

「ごめんごめん、こんなことめったにないんだけど。今日はママが相手してやってくれないかな。あいつにも、今度埋め合わせするからって言っといて」

「……う、うん、わかった」

義理の姉弟とはいえ、血のつながらない大人の男女が同じ屋根の下に……とは思ったのですが、うちには小学生の娘もいますので、変なことにはならないだろうと高をくくっていた部分もあるかもしれません。

確かに娘が起きているうちはよかったんです。娘はいつもと違う状況にはしゃいじゃって、和気あいあいの楽しい夕食でした。

ただ、そのうちに娘が寝てしまうと、義弟とダイニングテーブルに差し向かいで、お酒を酌み交わすことになっていました。なにげない話をしていても、私は必要以上に二人きりの状況を意識してしまい、ドキドキしました。

「今日はごめんね、和之《かずゆき》さん。あの人が誘ったのにこんなことになっちゃって」

私は義弟を名前で「和之さん」と呼んでいるんです。

「いやいや、全然。逆に俺、こんなふうに義姉《ねえ》さんと二人で話したことなかったから、よかったと思ってるくらいなんだ。兄貴には悪いけど、ハハハ」

まっすぐに見つめられて、私はさらにドギマギしてしまいました。

「そ、そうなの？　私も、和之さんと話ができて、うれしいわ」

そんなふうに言う私の声は、明らかに上擦っていました。どうしようもないほど顔がポッポと熱いのですから、誰が見てもわかるほど赤く染まっていたのでしょう。私が義弟を男として意識しているのは、すでに見透かされていたのかもしれません。

「兄貴と義姉さん、もう結婚して十年でしょ？　最近どうなの、夫婦仲は？」

「や、やだ、変なこと言わないでよ。ふ、普通だと思うけど……」

夫と義弟は実の兄弟なのにタイプがまったく違います。夫は見るからに草食系のやさしい人なんですが、義弟は男性的で堂々としていて体もマッチョなんです。

「そう言う和之さんは、ちゃんと奥さんと仲よくしてるの？」

義弟夫婦は私たちより先に結婚していて、子どもも三人いるんです。

射貫くような視線を私に向けたまま、義弟はこう言いました。

「そりゃもう、うちはラブラブだから。新婚みたいに毎晩、仲よくしてるよ」

「えっ、毎晩って……そ、そんなに」

二人きりでは視線をそらすすべもなく、私は義弟と正面から見つめ合ってしまいました。すると、しばらく沈黙が流れてから、義弟が口を開きました。

「うそだよ。さすがにもう倦怠期《けんたいき》みたいで、毎晩どころかほとんどしないんだ」

「そ、そうよね……じゃあ、うちと似たようなものっていうか」

私が安心したように言うと、ダイニングテーブルの下で義弟の足の指が、私の足やふくらはぎにふれてきました。その日は気温も高かったので、私たちはお風呂を上がってから素足でいたんです。それをいいことにというか、意味深な会話がいけなかったのかもしれませんが、そんな悪戯《いたずら》を仕掛けてきたんです。

大げさに反応するのは自意識過剰みたいだと思って、私は追いかけてくる義弟の足の指から、スッ、スッと足をずらして逃げるようにしていました。

「ふーん……義姉さんと兄貴はセックスレスなのか」

「や、やだ、それは、和之さんが先に言い出したんじゃない」

私はそのとき前開きのニットのワンピースを着ていました。椅子に座っていたので膝丈のすそはけっこう上までズレていたと思います。

「でもさ、それじゃ我慢できないよね。まだまだ義姉さんも女盛りだし」

そう言った瞬間、義弟の足がワンピースのすその中に入ってきました。太ももを広げながら奥に進んで、私が「やめて」と口走ったときには、足の裏がショーツのクロッチ部分にムニュッと貼りついていました。そのままグイグイと圧迫されたんです。

「ほら、義姉さん……すごく熱くなってる」

「そ、そんなわけ……ないでしょ……」

さすがに私は椅子から立ち上がり、背後のキッチンシンクまで逃げるようにして、義弟に背を向けました。すぐに義弟も立ち上がって、私を追いかけるように近づいてきました。背後にいても、すごく興奮しているのが伝わってきました。

「義姉さん！」

肩を両手でつかまれ振り向かされると、唇が重なってきました。拒絶すればよかったじゃないかと思われるかもしれませんが、私は身動きが取れなかったんです。

「うぐぅ、ジュルル、むふぅ」

義弟の舌先が私の唇をこじ開けて、少しずつ口の中に入ってきました。私はほんとうに動けなくて、義弟からすれば受け入れられたように感じたかもしれません。

二人の荒い息づかいが耳の奥に響いていました。ヌルッと奥まで舌が入ってくると、私の体から力が抜けてしまいました。密着した唇の間で義弟の舌が私の舌に絡みついてきました。瞬《またた》く間に唇が唾液でねばり、口角が泡立って、音を立てました。

「グジュジュ、ふぐぐぅ、ブジュッ」

激しくいやらしいキスをしながら、義弟は私のお尻に両手を伸ばしてきました。指先をお尻の肉に突き立ててもみしだき、円を描くようにこね回してきました。私は自分で聞いても悩ましげな息を洩らし、下半身を困ったようにうごめかせました。

「ね、ねえ、そんなにお尻……強くもまないで」

「だって義姉さんのお尻、すごく柔らかくて、気持ちいいんだ」

そう言ってから、義弟は照れ隠しのように、さらに激しく、指の間からムニュッ、ムニュッと肉がはみ出すほどの勢いで私のお尻をもみ込んできました。もみ寄せられる強い力で下腹部が密着して、スウェットの中で大きくなったペニスが、私のワンピースの股間に当たってきました。私が逃げるようにクネクネとお尻をくねらせると、恥骨を包む柔らかい肉で勃起したペニスをこね回す形になってしまいました。

「ああ、義姉さん、そんなにこすりつけて……いいんだね？」

「ち、違うの。私、そんなつもりじゃ……」

するとと、義弟の両手がお尻をもみながら、ワンピース越しに私のはいていたショーツを真ん中に手繰り寄せていったんです。

「な、何してるの？」

ヒップの肉がブルンと弾けて、ショーツがお尻の割れ目にハマってしまいました。そのまま義弟はワンピースの生地ごと細くなったショーツを引っぱり上げたんです。

「あっ、イヤ。食い込んでる」

何度も、何度も、引っぱり上げるんです。

「ダメッ、そんなに食い込ませちゃ。あッ、あッ、すごく！」

引っぱるたびに深くハマって、ヴァギナにまで食い込んできました。私の全身が小刻みに震え、クイクイとしゃくり上げるように腰が動いてしまいました。

「ね、ねえ、和之さん、これ以上はやめようよ……こ、こういうことがしたいなら、奥さんにしてあげたほうがいいんじゃないかな」

私は自分にも言い聞かせるように、最後の抵抗を口にしました。でも、それはかえって、義弟の興奮の火に油を注いでしまったようでした。

「それとこれとは話が違うって。義姉さんだってわかってるだろ。いや、そんなことじゃなくて、俺、義姉さんを初めて見たときから、こうしたかったんだ！」

「ね、和之さん、落ち着いて……ん、むぐぅ」

義弟は私を黙らせるように、再び唇を重ねてきました。ジュボッ、ジュボッと挿入のように私の口の中に舌を突き入れ、左手でお尻をもみくちゃにしながら、右手で前開きのワンピースのボタンをすばやくはずしていくのがわかりました。

「ヒッ、グジュッ、むむぐ、うぅ」

あっという間にワンピースの前が広がると、ブラジャーもめくられてしまいました。

「イヤッ、いきなり、そんな……恥ずかしい」

「もう素直になりなよ。義姉さんだって、したいんだろ。だってほら、さわってもいないのに、乳首がこんなにピンピンに勃起してる」

そう言いながら義弟は、両手の親指、中指、人差し指で私の左右の乳首をつまんで、クリクリとこねくり回しました。

「あっ、ふっ、やめて……やめて」

私の乳首は自分でも驚くほど敏感になっていました。

すると義弟が口から大きく舌を突き出して、乳首に近づけてきたんです。

「やめて、ね、お願いだから……和之さん」

そう言ってから、私は息を止めて待ち受けました。そんな私をからかうように、義弟は突き出した舌を左右の乳首ギリギリまで近づけて、ペロペロと舐めるふりをしました。そんなふうにじらされた私は、ようやく乳首を咥えられて、舌で舐め上げられた瞬間、「アアンッ！」と全身をのけぞらせてしまったんです。

そのまま義弟は右に左に顔を振って、乳首に吸いついてきました。

「いッ、やッ、ダメダメ、そんなに」

これでもかと乳首を舐め回してから、下乳のふくらみ、鎖骨、首筋、うなじ、耳までナメクジのように舌を這わせてきました。

「ハッ、ハウッ、どうしよう、もう……」

息づかいが荒くエッチになるのを止められませんでした。

すると私の右腕がグウッと持ち上げられたんです。

「ひィッ、そんな、そんなところ……」

私の腋の下にはねっとりと汗が浮かんでいました。

「やっ、やめて、恥ずかしいわ」

義弟は私の羞恥心を逆なでするように、クンクンと鼻を鳴らして「あぁっ、いい匂いだ」とつぶやくと、突き出した舌を腋の下にヌメッと密着させて、そのまま頭を小刻みに振りつけ、ジュルジュルとむしゃぶりついたんです。

「いや、ダメ、そんなこと……」

腋の下を舐められるなんて初めてのことでした。ゾクゾクとしびれるような快感が体にまとわりついて、高熱にうなされるように震えてしまいました。

「あ、あッ、こんなの、おかしいよ」

そのときでした。義弟が左腕で私のウエストをギュッと抱えて、右手をショーツの中に差し入れてきました。そしてトドメを刺すようにこう言ったんです。

「義姉さん、もうグチャグチャじゃないか」

「そ、そんなこと、ないってば……」

この期《ご》に及んで否定する私をあざ笑うように、義弟がショーツの中で指を動かすと、グチュッ、グチュグチュッとねばった音がわき上がってきました。

「やめて……そんな音、知らないから」

私は義弟をなじるように言いながら、腰が前後に動くのを止められませんでした。

「知らないって、義姉さんのエッチなところの音だよ」

そう言うと、義弟は中指と薬指を絡ませて、ヌルヌルの私の膣の中に挿入してしまいました。私は久しぶりの圧迫感に髪を振り乱し、「ダ、メ、入れちゃ……」とうめくように発して、ググゥッと背筋をそり返らせました。

「おおぅ、すごい締めつけだよ、義姉さん」

義弟の指が出入りするたびに、愛液が溢れて内腿まで濡らしていきました。

「んぐう、はぅ、私、感じてなんか……」

私は必死で淫らな自分を押し殺しながら、求めるように股間をしゃくり上げていました。すると義弟が、スナップまで利かせて二本の指をグチャッ、グチャッと膣内に突き入れながら、問いかけるように言ったんです。

「義姉さん、もっと気持ちいいことがしたいかい？」

私は大きく開いたワンピースの生地を握り締め、クンクンとうなずきました。

「はっ、はぅ、和之さん……イジワルよ」

それから私は、その夜、義弟が泊まることになっていた和室に連れていかれたんです。義弟が脱いだスーツが壁にかかって、ボストンバッグが置かれていました。部屋の中央に敷いてある布団は、私が夕食後に敷いたものです。

「義姉さんは、イジメられるのが大好きな……マゾみたいだね」

「な、何を言ってるの？　私、そんな女じゃ……」

「恥ずかしがらなくてもいいって」

そう言いながら、義弟はやや乱暴に着乱れた私のワンピースを脱がせ、ブラジャーとショーツも奪い取ってしまいました。全裸にされた私は、「キャッ」と反射的に布団の上に女の子座りでしゃがみ込み、両手を胸の前で縮こまらせました。

「ねぇ、和之さん、乱暴にしないで」

すると義弟は「大丈夫だよ」と言って壁際に行くと、スーツといっしょにかかっていたネクタイをシュルッと手に取って、再び私の近くに歩み寄ってきました。

「俺、義姉さんのために、がんばってイジメるから」

「そ、そうじゃなくて……いや、何するの?」

私の両手が胸元から引きはがされて、背後に持っていかれました。その手首にグルグルとネクタイが巻きつけられて、そのまま縛られてしまったんです。

「やだ、動けない。恥ずかしいよ」

おっぱいが丸見えになって、私はうつむくしかありませんでした。すると今度は、義弟がボストンバッグからロープのようなものを引っぱり出しました。

「仕事でいつ使うかわからないから、いつも入れてあるんだ」

それは内装工事用の綿ロープでした。義弟がそれを、後ろ手に縛られて身動きの取れない私の胸のあたりに、グルグルと巻きつけてきました。おっぱいの上と下に食い込んで、柔らかい肉がムニュッと変形しました。

「あぁ、どうしよう、こんなにされたら、私……」

全裸の女の子座りで二の腕まで拘束された私は、ドックンドックンと音が聞こえるほど胸が高鳴っていました。性的に興奮していたんだと思います。

「すごく似合うよ、義姉さん」

そう言って、義弟もスウェットの上下とボクサーパンツを脱いで、全裸になりました。筋肉質の逞しい体の股間で、すでにペニスが隆々とそり返っていました。そして、生き物みたいに上下する亀頭を、私の目の前に突き出してきました。

「さあ、義姉さん、口だけでしゃぶってごらん」

ほんとうに肉体もペニスも、夫の弟とは思えないほど逞しいんです。義兄は仁王立ちでジッとしているのに、ペニスがビンビンと弾んでいました。

何もしていないほうが恥ずかしいような状況でした。手の使えない私は、オズオズと舌を突き出して、亀頭の裏筋をペロペロと舐め上げました。それから縛られた上半身をよじって、カリ首から根元まで舌を這わせて舐め回しました。

「うぅ、柔らかくて、温かくて、エッチなベロだ」

徐々に、節くれだったペニスが、私の唾液でヌラヌラと濡れ光っていきました。

「義姉さんの舐め方、想像してたよりずっといやらしいな」

根元までヌルヌルにしてから、私は唇を大きく開いて、卵ほどもありそうな亀頭をヌメッと咥え込みました。口の中がペニスでいっぱいになる淫らな充実感で、ゾクゾクと背筋が震えました。ゆっくりと唇をペニスに上下させて、たっぷりと口の中に唾液を溜めてから、鳩のように首を振ってジュブジュブと出し入れしました。

「義姉さん、イラマチオしてみようか」

私はペニスから口を離して、「何それ？」と尋ねました。

「たぶん、義姉さんは好きだと思うから」

そう言うと、義弟が腰を突き出して、私の唇に亀頭を押しつけてきました。私が口を開けると、ヌルッと亀頭がこじ入れられました。そして義弟は、私の側頭部を両手で押さえつけるようにして、ゆっくりと腰を振ってペニスを私の口の中に出し入れさせたんです。徐々に亀頭は喉の奥まで入ってきました。

「うぐっ、むぅ、んぐぐ」

やがて義弟は亀頭で喉をふさいで、しばらくそのまま動かなくなりました。私が苦しくなって目で訴えても、頭を押さえつけて放してくれません。

「むぐぐーッ、グジュッ、ブブッ！」

あまりに長く息のできない状態が続いて、私が暴れるように髪を振り乱し、ジュボッとペニスを吐き出すと、ねばり気の強い唾液が糸を引いて滴《したた》り落ちました。

「ブフッ、ジュルル、ジュブゥ、ハッ、ハッ……」

それを何度か繰り返されるうちに、私は、脳が酸欠になったかのように、頭が朦朧《もうろう》としてきました。ただ、それはけっして嫌悪するような症状ではなく、ドラッグなどやったことはありませんが、心身がトリップしている感じとでもいうのでしょうか。いままで味わったことのない性的な興奮、被虐の快感だったと思います。

「ああ、気持ちいい。このまま出してもいいかい？」

私の口腔深くに亀頭を突き入れたまま、義弟がそう言いました。私はペニスを根元まで咥えたまま、涙目でイヤイヤと首を振りました。すると義弟が、私の口から唾液まみれのペニスを引き抜いて、ヌルッ、ヌルッ、としごきながら言ったんです。

「じゃあ、どうすればいいの？」

とうとう私は、ねだるように哀願してしまいました。

「い、いじわる……入れて」

「やっと素直になったじゃないか、義姉さん」

うれしそうに言った義弟が、緊縛女の子座りの私を前方に押し倒しました。

「キャッ！」

上半身の自由が利かない私は、前のめりで布団に倒れ込むように顔を突っ伏し、その勢いで膝立ちになった太ももを踏ん張って、高くお尻を突き上げていました。

「いい格好だよ、義姉さん。発情したメス猫みたいだ」

義弟はそう言って、お尻の肉を両手でギュッと握り込んできました。

「イヤッ、やめて……恥ずかしいよ」

「だって、入れてほしいんだろ？」

「でも、こんな格好じゃ……」

「……興奮しちゃうだろ？」

意地悪な声色とともに、ヴァギナに亀頭があてがわれるのがわかりました。私は甘えるように髪をゆらしながら、さらに高々とヒップを突き上げたんです。

義弟が亀頭でグチャグチャと膣口をかき回し、いきなり挿入してきました。

「あうっ！」

最初からラストスパートのような出し入れでした。義弟は、突き上げた私のお尻を激しくもみくちゃにしながら、続けざまに貫いてきたんです。

「あッ、あッ、いいいっ、奥までくるぅ」

私は肩まで布団に突っ伏したキャットスタイルで、腰をグッと入れて、

「もっと、もっと突いて！」

と強烈な突き入れを受け止めつづけました。そして私は、SMの中でもずっと興味のあったスパンキングを、自分から求めてしまったんです。

「和之さん、このまま……お尻をぶって」

「えっ、なんて？　もう一回？」

「出し入れしながら、お尻を叩いてほしいの」

「う、うん、わかった。やってみる」

「遠慮しないで、思いきりビンタするみたいにして」

背後の義弟が挿入したまま動きを止めて、深呼吸するのがわかりました。そして次の瞬間、「パシーン！」と何かが破裂するような音が鳴り響いたんです。

「ヒッ……あうんッ！」

そのまま義弟は間髪を入れずに、「バシッ！」「パシンッ！」と私のお尻に平手打ちを振りおろしてきました。私はそのたびに天井を仰ぎました。

「パシーンッ！」

「ひいッ」

「バシンッ！」

「はうッ」

そのままますぐに、義弟がリズミカルなペニスの出し入れも再開してくれました。激しく腰を振って、大きいストロークでペニスを私に突き入れながら、右手、左手と交互に手のひらを振りおろして、私のお尻を打ち抜いてきたんです。

「くうっ、お尻を叩くと、義姉さんのマ〇コがキューッって締まるんだ」

「イヤイヤ、興奮して、気が狂いそう……あうッ！」

やがて義弟は私のウエストを両手でつかんで、ひときわ激しく貫いてきました。

「義姉さん！　このまま出していいかい」

「いいよ、出して、中に出して、いっぱいちょうだい！」

「くッ……出る、出るっ、あうッ！」

それからというもの、月に何度か、私のパートが休みで夫も娘もいない平日の昼間を狙って、義弟が静岡から私を抱きにやってくるんです。

いろんな道具を持ってきて責めてくれます。言葉責めのバリエーションもどんどん豊富になって、すっかり翻弄されてしまいます。そのおかげで、私のマゾっ気もすっかり開花して、抱かれるたびに、身も世もなく乱れてしまうんです。

会社の先輩から美熟奥様を差し出され疑似ＡＶ撮影で念願の生ハメ発射！

木下一昭　会社員・三十七歳

私は大学時代、上下関係の厳しい体育会系の運動部に所属していました。

たとえ白いものでも、先輩が黒と言えば黒。後輩たちが口答えなどできる雰囲気は、微塵《みじん》もありませんでした。

二年先輩の田崎《たさき》さんは特に厳しい人だったのですが、なぜかかわいがられ、彼が卒業したあともＯＢとして目をかけてくれました。

就職のときも相談に乗ってもらい、「俺が働いてる会社に来ないか？」と田崎さんの口利《き》きで、大手の食品メーカーに営業マンとして採用されたんです。

そういう性格の人ですから、面倒見がいい代わりにかなりの親分肌で、傍からは子分のように見えたかもしれません。

私自身は要領が悪くて営業成績もかんばしくなく、昔から異性にまったくもてないタイプでした。

田崎さんからしたら、出来の悪い弟のような感じで接していたのかもしれません。

彼が結婚したあとも、奥さんの綾子《あやこ》さんのつてで多くの女性を紹介してもらったのですが、ふられっぱなしで、申しわけないと思っていました。

コロナの自粛が明けた去年の五月、田崎さんから「久しぶりに、うちに遊びにこないか」と誘われたときのことです。

彼らには子どもがおらず、三人でよく遊んでいたこともあり、私はなんの迷いもなく週末の土曜に訪問する旨を伝えました。

その日もこれまでどおり、綾子さんの手料理で世間話をしていたのですが、到着早々、真夏でもないのに風呂に入って汗を流せと言われたから、おかしいなとは思っていました。

しかも、この日の綾子さんはとてもなまめかしく、女の色香をぷんぷん放っており、ひと目見ただけで胸がときめきました。

実は彼女は私のタイプでして、田崎さんに初めて紹介されたときから、ひそかにあこがれていたんです。

清潔感溢れるボブヘア、涼しげな目元、すっきりした鼻筋に薄くも厚くもない唇と、容姿やふるまいがとても上品で、私にとってはまさしく理想の女性でした。

あの日の彼女は、襟元と袖に紺のパイピングが入ったチャコールグレイのワンピースを着ていました。

とてもシックな出で立ちをしていたのですが、唇には艶々《つやつや》した赤いルージュが引かれており、そのギャップがよけいに女を意識させたのかもしれません。

酔いが回りはじめ、綾子さんが席をはずした際、これまたいつもどおりに異性関係の話になりました。

「で、どうなんだ？　カノジョは出来たのか？」

「はあ、いや……」

「マッチングアプリのほうは、どうなんだ？」

「いえ、そっちも、いまはこういう状況ですから……」

「その歳でアダルトビデオの世話になってるのも、さすがにつらくないか？」

「ええ、まあ」

もちろん風俗にも行けず、悶々としていたのは事実です。

ひたすら返答にとまどっていると、田崎さんは身を乗り出し、意味深な笑みを浮かべながら言いました。

「アダルトビデオといえば、AV男優になりたいとか思ったことあるか?」

「そりゃ……男なら、みんな考えたことあるんじゃないですか? でも実際はすごくハードな仕事みたいだし、普通の男じゃ無理ですよね」

「じゃあ、監督は?」

「AV監督ですか? いやぁ、考えたことないです」

「実は俺、すごく興味あるんだよ。もともと映画好きだということもあるんだろうけど、自分が録った映像を編集してさ、一本の作品に仕上げるって、ワクワクしないか?」

「はあ……なるほど」

なにげなく相槌《あいづち》を打った直後、田崎さんはとんでもない要求を口にしたんです。

「綾子と……寝てくれないか?」

「は?」

あまりにも唐突すぎて、あのときはほんとうにびっくりしました。

「なんで、そんな話になるんですか……冗談ですよね?」

「冗談なんかじゃない、本気だ。実はな……」

よくよく話を聞くと、どうやら田崎さんと綾子さんは結婚八年目を迎えて倦怠期らしく、新しい刺激を求めているとのことでした。

さらに驚いたことに、私と綾子さんの行為をビデオに撮りたいと言い出したんです。

「つまり……お前がAV男優役で、俺が監督をするというわけだ。安心しろ、顔は映らないようにするから」

話の流れは理解したものの、突拍子もない話に呆然《ぼうぜん》とするばかりでした。

「おい、綾子、木下《きのした》はオーケーだって」

まだ返事もしていないのに、田崎さんは綾子さんを呼び、彼女は目元を染めながらキッチンから戻ってきました。

「オーケーって……なんのこと？」

「ほら、例の話だよ」

「あなた、まさか……本気だったの？」

「おいおい、いまさらそれはないだろ。お前、いいって言ったじゃないか」

「あのときは、私も酔ってたから……」

見るからに清楚な綾子さんが、たとえ酔った勢いでも、私と寝てもいいなんて言っていたとは……。

股間が熱く疼いたのは確かですが、もちろん私は固辞しました。

「あ、あの、田崎さん……やっぱり……まずいですよ」

「おい、俺の言うことが聞けないのか！」

強面《こわもて》の田崎さんが怒ると、ものすごい迫力があります。

びびったところで、彼がソファの下からビデオカメラを取り出し、本気なのだとようやく確信しました。

「おい、綾子、木下のとなりに座れ！」

ただ愕然とする間、田崎さんはテキパキと指示を出し、断れない状況に追いつめられてしまったんです。

「木下さん、ごめんなさいね……フリだけで満足するんだから、気にしないで」

耳元でささやいた綾子さんの目はしっとり濡れており、熱い吐息に背筋がゾクリとしました。

これまでの彼女のふるまいからはとても考えられなかったのですが、彼女はためらうことなく私のズボンとパンツを引きおろしにかかりました。

「あ、ちょっ……待ってください」

懇願しても、美しい人妻は耳を貸さず、露《あらわ》にされたペニスを両手で隠すだけで精いっぱいでした。

「おお、なんだ、もうその気になってるじゃないか」

綾子さんの色香にあてられ、ペニスは早くも半勃《だ》ち状態でした。

「おい、しごいてやれ」

「フ、フリだけですよね？」

綾子さんに縋《すが》りつくような視線を送ったのですが、彼女は唇をなぞり上げ、しなやかな手を股間に伸ばしました。

「あ、あ、そ、そんな……」

おおい隠した手の脇から指がすべり込み、ペニスを握られたときの気持ちよさはいまだに忘れられません。

恥ずかしながら、ペニスはあっという間に勃起し、二つの睾丸がキュンと吊り上がりました。

「すごい……どんどん大きくなってくる」

「木下、手が邪魔だ！」

「勘弁してくださいよぉ……」

「いい加減に、覚悟を決めろ！」

泣きそうな顔を見せたところで、田崎先輩の声が響き渡り、綾子さんがペニスをしごきはじめました。

「あ、あ……」

汗をかいているのか、首筋から甘ずっぱい匂いがぷんぷんただよってきて、あんな色っぽい彼女を目にしたのは初めてのことでした。

「あぁ……カチカチだわ」

「ようやく、その気になったか」

田崎さんはそう言いながらカメラを回し、向いのソファからおりて近づいてきました。そして、股間を隠していた手を振り払い、勃起したペニスをとうとうさらけ出してしまったんです。

「おおっ、もうギンギンじゃないか」

彼が目配せした瞬間、綾子さんは身を屈め、亀頭に舌を這わせてきました。

「あ、むむっ」

「おっ、いいぞ。ねちっこくな」

もはや股間を隠すこともできないまま、舌先で根元から裏茎をチロチロとしゃぶられるたびに昂奮してしまい、私の性欲は雨が降ろうが槍が降ろうが止まらない状況に陥《おちい》ってしまったんです。

やがて綾子さんは可憐《かれん》な唇を開き、ペニスを真上から咥え込みました。

「あっ、くっ」

ちゅぼっ、ちゅぼっ、ちゅぷっ、くちゅちゅちゅっ。

生温かい粘膜がチ○ポをしっとり包み込み、腰部の奥が甘ったるい感覚におおい尽くされました。

さらには卑猥な水音が聴覚を刺激し、快感が背筋を何度も走り抜けました。

「ンっ、ンっ、ンっ！」

「おぉっ、すごい。いいぞ、根元まで咥えて」

「あ、ふうっ」

綾子さんがディープスロートを繰り出し、亀頭の先端を喉の奥で締めつけると、思わず両足を突っ張らせました。

田崎さんは約束どおり、私の顔は映さず、綾子さんを中心に撮影していたようです。

妻の淫らな姿に昂奮していたのは確かで、彼の股間の中心もパンパンに膨張していました。

倒錯的な性嗜好はまったく理解できませんでしたが、私のペニスは萎《な》える気配をまったく見せませんでした。

二人の熱意に当てられたのか、それとも私の中にもアブノーマルな欲求がひそんでいたのかはわかりません。

とにもかくにも、あのときの綾子さんはとてもいやらしく、全身から発散されるフェロモンに理性が奪われてしまったとしか思えませんでした。

「木下、ぼやっとしてないで、お前のほうからも責めろ！」

「そう言われても、どうすれば……」

「ちっ、しょうがねえな、おっぱいでも尻でも、好きなとこをさわればいいんだよ」

「そ、そんな……」

「早くしろ！」

ファインダーから目をはずして指示を出した田崎さんの顔は、赤鬼のように真っ赤になっていました。

嫉妬《しっと》か、それとも性的な昂奮に駆られているのか。心の中までは探れず、再び命令されると、私は仕方なくヒップに手を回してなで回したんです。

「いいぞ、今度は中に手を入れて」

心の中で嘘だろとつぶやく一方、言われるがまま手をワンピースのすそからもぐり込ませたとたん、私は大きな声をあげそうになりました。

なんと、綾子さんは下着を身に着けていなかったんです。

まさかと思いながら柔肌の感触を味わう中、牡の本能なのか、指先は自然と女の中心部に伸びていきました。

「う、ンっ、ふっ」

綾子さんがヒップをくねらせた瞬間、指先が内腿のほうにずれ、今度はぬるっとした感触がありました。

愛液としか思えなかったのですが、いくらその気だったとはいえ、愛撫の段階でこんなに濡れているとはとても信じられませんでした。

怪訝《けげん》な表情で再び女の花園に指を伸ばすと、あそこからコードみたいな紐が飛び出ているではありませんか。

意識的に耳を澄ませば、低いモーター音が洩れ聞こえ、ピンクローターであることに気づくのにさほどの時間はかかりませんでした。

いったい、いつから膣の中にアダルトグッズを仕込んでいたのか。

おそらく、田崎さんの命令だったのでしょう。

彼女がやたら色っぽく見えたのも合点がいき、驚きに目を丸くした直後、彼女は顔のスライドを速めました。

いきなりペニスをがっぽがっぽと吸い立ててきたのですから、綾子さんは我慢の限界に達していたのだと思います。

やがてペニスの芯が疼きだし、射精願望がすぐさま頂点に導かれました。

田崎さんの存在がなければ、あの時点でまちがいなく放出していたと思います。

括約筋を引き締めて必死にこらえたものの、下腹部がふわふわしてきて、意識が朦朧としました。

「あ、あぁ……」

もうだめだと観念した直後、田崎さんの野太い声が耳に届きました。

「よし、いいぞ！　綾子、服を脱げ」

綾子さんは指示どおりに顔を上げて口からペニスを抜き取り、背に回した手でワンピースのファスナーを引きおろしました。

美女の目元は赤らみ、目はうつろと化し、熱い息を途切れなくこぼしていました。

チャコールグレイの布地がまくりおろされると、ブラジャーも着けておらず、お椀型の乳房がふるんと弾け出ました。

三十六歳とは思えない張りと艶に目を丸くし、私は身をこわばらせたまま呆然としていました。

「木下、ぼやっとしてないで、お前も脱ぐんだよ」

「は、はいっ」

あのときは正常な判断能力はすっかり消え失せ、反射的に返事をしてしまい、気がつくと、シャツと足首に絡まっていたズボンとパンツを脱ぎ捨てていました。

「綾子、足を広げて」

「は、恥ずかしいわ」

「いまさら、何を言ってるんだ。足を広げなきゃ、ローターが取れないだろ」

綾子さんは身をくねらせたあと、私の真横で両足をゆっくり開き、私は目をらんらんと光らせて股間を注視しました。

「あ、あぁ」

陰唇はすでにぱっくり開き、深紅色の膣内粘膜がいまにも飛び出そうなほど盛り上がっていました。

ねばっこい愛液がゆるゆると溢れ出し、女肉全体はすでにぬめり返っていたんです。

「木下、取ってやれ」

「は、はい……失礼します」

さっそくコードをつまみ、力を込めて引っぱると、ピンク色の物体が秘肉の狭間から顔をのぞかせました。

「あぁ……やぁン」

「はあはあ、ふうっ」

鼻にかかった声がさらに性感を高め、ペニスがブンブンと頭を振りました。

私は瞬きをすることすらも忘れ、愛液まみれの女肉を凝視しながらローターを膣から抜き取ったんです。

「ひぃうっ！」

「おおっ、ローターがヌルヌルじゃないか。このスケベ女めっ！」

綾子さんはよほど気持ちよかったのか、口を半開きにし、しばし身をひくつかせていました。

もしかすると、軽いエクスタシーには達していたのかもしれません。

田崎さんはローターを引ったくって投げ捨てたあと、息せき切って次の指示を出しました。

「そのまま、あおむけに寝て」

「あ、ぼ、ぼくですか？」

「そうだよ」

言われるがままソファに横たわると、綾子さんは熱い吐息を一つこぼし、さっそく私の体を跨《また》いできました。

しかも、逆向きの体勢です。

「……あ」

おそらく夫婦の間で、おおよその流れは決めていたのだと思います。

溶け崩れた女芯が目と鼻の先に近づき、かぐわしい香りが鼻を突き刺した瞬間、私は本能の赴《おもむ》くまま花園にかぶりついていました。

「あ……ンはぁ」

「おおっ、いいぞ！　その調子だ」

とろみの強い粘液が口の中に広がり、プルーンにも似た甘ずっぱい匂いに脳の芯がしびれると、私は女肉全体をベロベロ舐め回し、クリトリスを陰唇ごと口の中に引き込んで吸い立てました。

彼女も負けじとペニスを咥え込み、顔の打ち振りを速めたのですが、しこった肉粒を甘嚙みしたとたん、空気を切り裂くような悲鳴をあげました。

「あ、ひぃっ」

あのとき、私は完全に獣欲モードに突入したのではないかと思います。

クンニリングスだけで絶頂に導きたい、美女の淫らな姿をもっと引き出したいという思いに衝き動かされていました。

まるまるとしたヒップがくねり、心地いい圧迫感に意識を混濁させる中、綾子さんは上擦った声で身を起こしました。

「はあぁ、もう我慢できないわ！」

「ぷふぁ」

彼女は身をズリ下げ、大股を開いてペニスを垂直に立てました。

視界の隅に入った田崎さんの顔つきは、いまだにはっきり覚えています。

こめかみの血管をふくらませ、歯を剝き出しにした形相を目にした瞬間、本気で殺されるのではないかと思ったほどです。

「あ、あ……」

背筋を凍らせたところで、ペニスがやんわりした媚肉におおい尽くされ、再び快感が身を貫きました。

綾子さんはよほど感極まっていたのか、最初からヒップを派手に打ちおろし、こなれた膣肉でペニスを引き転がしました。

「あぁ、いい！　木下さんの、硬くて気持ちいいわぁ！」

「あ、おおっ」

「おいっ！　イクときは、ちゃんと言えよっ!!」

「は、はい……あ、く、ぐっ」

まともな返答をすることもできず、異様な状況に押し流されるまま、射精欲求があっという間に頂点に導かれました。

「あぁン、突いて、突いて！」

「む、おっ」

どうせ我慢できないならと、私は全身に力を込め、猛烈な勢いで腰を突き上げたんです。

「あ、ンはぁあぁっ」

バツンバツンとヒップを打ちつける音の合間に、結合部からふしだらな擦過音が鳴り響いていました。

大量の愛液は陰嚢のほうまで滴り落ちるほどの凄まじさで、膣内粘膜がうねりくねりながらペニスをこれでもかと締めつけました。

「ああ、も、もうだめ！　イキますっ！」

我慢の限界を訴えたとたん、綾子さんはタイミングよくヒップを浮かして膣からペニスを抜き取り、猛烈な勢いでペニスをしごきました。

「いいわ、イッて！　たくさん出して!!」

「あっ、だめです、イクっ、イクっ！　あ、あぁぁっ！」

こうして私は、田崎夫妻の目の前で大量の精液を噴出させてしまったんです。

至高《しこう》の射精は迎えたものの、しばらくは立ち上がれないほどのショックと後悔が押し寄せました。

帰宅する際、「これで最後にしてください」と懇願し、その後は誘われることはなかったのですが、田崎さんから久しぶりに燃えたという報告だけは受けました。

私のほうは、あの日の出来事を思い出すたびに欲情してしまい、本音を言えば、また誘ってくれないかと思っているんです。

旦那の古い友人から突然求められた私
淫靡な奸計に嵌り女の快楽に溺れ……

芹沢良子　主婦・四十八歳

息子が中学受験を決めたときから、母子の二人三脚でがんばってきました。

周囲からは教育ママだの、お受験ママだのと揶揄《やゆ》されてきましたが、息子の成功のためなら、どう見られてもかまわないと必死でした。

あまりに必死になりすぎていたせいか、夫はいつのころからか、そんな私と距離を置きはじめていました。

無事に中高一貫校に合格してからも、心配しながら息子を見守ってきました。周囲は受験をくぐり抜けてきた優秀な生徒ばかりですから、気を抜いたらすぐに落ちこぼれてしまうと思ったのです。

そんな息子も一年前に大学を卒業して、希望していた企業に就職してくれました。これでようやく、息子とのんびりデートができると喜んでいました。

ところが、息子は就職して間もなく、勤務地に近い場所にアパートを借りて一人暮らしを始めてしまったのです。

育児から解放されたとたん、置いてけぼりを食らったような虚《むな》しさを覚えました。

ふと周囲を見渡してみても、友人もいなくなっていたし、趣味の一つも持っていませんでした。

夫との会話は息子の報告くらいになっていたので、いまさら二人きりで向き合うと、会話に困ったほどでした。

「ねえ、今度の日曜、久しぶりにショッピングでも行かない？」

「いや悪い、ゴルフの予定を入れちゃったんだよ」

あわてて取りつくろってみても、長い期間をかけて深まった溝は、簡単に埋まらない気がしました。

さびしさは日に日に増して、ある夜、数年ぶりに体がムズムズとほてるのを感じました。性欲なんてすっかり忘れていたのに、時間を持て余すようになって急に疼きはじめたのです。

数年前、夫が求めてきたときに、息子のことで頭がいっぱいだった私は冷たく断ってしまい、夫はそれ以来一度も求めてこなくなっていました。

寝室はいっしょですが、ある時期からベッドを二つ並べて眠るようにしていました。それも私が提案したものでした。保護者面接の前日などは、緊張のためによく眠れないこともあったからです。

暗闇の中で耳を澄ますと、夫はまだ寝息を立てていないように思えました。

少し勇気が要りましたが、背を向けている夫のベッドにもぐり込んでみました。ピッタリと体をくっつけてみると、夫の背中でつぶれた乳房がビクッと感じました。渇き切っていた股間のくぼみが、湿ってくる感触がありました。

「ねぇ、あなた。起きているんでしょ？　ねぇってば……」

下半身を押しつけながらしがみつくと、夫は「ウウン！」と寝ぼけたような声を出しましたが、こちらに向き直る様子はありませんでした。

体をこすりつけていると抑えきれなくなって、しがみついた指先を夫の股間に伸ばしました。以前なら、少しくらい眠かったとしても、さわっているうちにムクムクと大きくなってくれたからです。

ところがその日はまるで反応してくれませんでした。そんなはずはないとパジャマの中に手を押し込んで、じかに握ってみましたが、どんなにこすってみても、勃起する気配はありませんでした。

夫が背を向けたまま、「疲れているんだ」とつぶやいたので、しかたなく自分のベッドに戻ったのですが、悶々としてなかなか寝つけませんでした。

翌日、まるでおわびのようにケーキなんか買って帰ってきましたが、そんなふうに気づかわれるほど惨《みじ》めになりました。白々しい会話をする気にもなれず無口になっていた私に、夫が明るい声で言いました。

「明日、家に菊池《きくち》を連れてきてもいいかな？　覚えてるだろ？　久しぶりに連絡があってさ」

夫の古くからの友人でした。昔、何度か遊びにきたことがありましたが、息子が受験を始めてからというもの、家に招いたことはありませんでした。

来客があれば、夫婦二人の重苦しい空気が変わるような気がして、歓迎したい気持ちでいっぱいでした。

翌日、久しぶりに手の込んだ料理を作り、服装もおしゃれにして菊池さんを迎えました。ここ数年、お化粧も身支度も、息子の学校関係のためだけにしていましたが、そうして異性の視線を意識してみると、気分が華やぎました。

「お久しぶりです。うわぁ、相変わらずおきれいですね」

お世辞とわかっていても、ほめられればうれしいものです。

「もうすっかりオバサンよ。遠慮しないで、リラックスしてね」

彼は私と夫と同じ歳なのですが、独身のせいなのか、昔会ったときの印象そのままでした。明るい性格の彼は、想像していたとおりに、私たち夫婦の険悪なムードをかき消してくれました。

夫にも久しぶりに笑顔が戻っていて、三人でお酒を飲みながら盛り上がったのです。楽しい時間はあっという間に過ぎて、終電が近くなりました。夫が泊っていけと引き留めたので、私もいっしょになって言いました。

「そうよ、泊っていってちょうだい。うちも息子がいなくなって、さびしいの」

少しでも、楽しい時間を引き延ばしたかったのです。

深夜になって、酔った夫が眠たそうに先に寝室に行ってしまいました。

「友人を置いて先に寝るなんて。まったく、自分勝手な人ね」

二人きりになってしまい、場を取りつくろおうとしたのですが、彼は夫とつきあいが長いせいか、さほど気にしていない様子でした。

「美人の奥さんと二人きりになれるなんて、ぼくはむしろうれしいくらいです」

気まずくならないように、軽口を利いているのだろうと思いました。そう思っても、久しぶりに家族以外の男性と二人きりになったことで変に意識してしまい、あわててお風呂を勧めました。

タオルや着がえを用意して、彼がお風呂に入っている間に寝床の準備もしました。

息子の部屋は、いつ帰ってきてもいいようにそのままにしてあったので、息子のベッドに新しいシーツをかけました。

彼のためにあれこれ準備していると、息子の世話をしていたころのようなうきうきした気分になりました。

シーツをかけ終えて振り向くと、いつの間にか背後に菊池さんが立っていました。ベッドによじ登って、お尻を突き出していた無防備なうしろ姿を、じっと見られていたのです。

「すみません、奥さんにいろいろと世話をかけてしまって」

浮かれていたぶんだけ照れくさくなって、ごまかすように背を向けました。

「いいのよ。お風呂上がりだし、何か、冷たい飲み物を持ってくるわね……」

部屋を出ようとしたとき、腕をぐっとつかまれました。

振り向くと同時に、抱き締められていました。

最初は酔ってふざけているのかと思いましたが、その顔は真剣で、抱きついたまま腰のあたりをまさぐられました。

「え、ちょっと待って、どうしたの？　酔っているの？」

驚きはしましたが、少しもイヤな気分にはなりませんでした。ドキドキしたのは、階下で寝ている夫の存在が気になったからでした。

「このむっちりしたお尻を見ていたら、ムラムラしてきちゃって」

お尻に回ってきた手がスカートの上を動き回ってきました。

「友だちの奥さんなのに、いけないね……わかっているけど、抑えきれないんだ」

下腹部に当たってきた棒状の熱いかたまりは、ゆっくりと硬くなってめり込んできました。

「そうよ、いけないわ。お願い、離して……」

のけぞると、よけいにきつく抱きつかれました。断っているくせに、脚の間がじゅくじゅくと湿っていました。

彼は、私の体がほてって感じはじめていることに気づいたようでした。

「ほんとうにイヤなのかい？　なんだか体が熱くなってきたよ」

長いこと、他人の前では立派な母親でいなければと気を引き締めていましたが、その仮面を力づくで剝がされてしまったような気がしました。

剝がされてしまうと、心と体がふわっと軽くなるのを感じました。夫のベッドにもぐりこんだ日から疼きつづけていた体に、火が点《つ》いてしまったのです。

春物の、薄手のブラウスの上から胸をもまれると、ごまかすことができないほど感じてきました。

「あ、はぁ……ん。ダメね、変な気分になってきちゃったわ、アッン！」

ゆっくりと、ベッドの上に押し倒されていました。

参考書や辞書が並ぶ見慣れた部屋で、まさかそんなことをする日が来るなんて夢にも思いませんでした。息子が勉強をするための殺風景な部屋での行為は、とても淫らなものに感じました。

「アアッ！　待って。電気を消して、お願い」

彼は私の言葉を無視して、明るい電気の灯った真下で、ブラウスのボタンをはずしはじめていました。

「ハァ、ハァ、奥さんのムチムチした白い体を、じっくり見てみたいんだ」

夫から相手にされず、自信を失っていただけに、自分を見て興奮してくれているのがうれしくて拒絶できませんでした。そんな悦びだけでも、女のアソコは濡れてしまうのです。

ブラジャーから引っぱり出された乳房を強く吸われました。

菊池さんの口の中で唾液に温められた乳首は勃起して、小指の先くらいの大きさになっていました。

悶《もだ》えながらも、彼の肩越しに部屋のドアがきちんと閉められているのを確認していました。酔いつぶれて眠ったときの夫は簡単には起きないはず……とっさにそんなことも頭をよぎっていました。

「セックスレスだって聞いていたけど、こんなに感じやすかったらつらいでしょう？」

彼はそう言いながら、もみ潰した乳房をじっと見つめてきました。

夫は、そんなことまで彼に話していたのかと驚きましたが、事情を知ってくれているなら、それを言いわけにできると思いました。

「そうなの、全然してくれないのよ。ひどいでしょう？」

もとはと言えば、自分が距離を置いたのが原因であることはわかっているのに、彼に慰《なぐさ》められたいがために夫のせいにしていました。

スカートがまくり上げられて丸出しになった太ももを両側に大きく広げられました。ふだんはいている地味なパンティを見られるのは恥ずかしかったのですが、彼はその下着を見て鼻息を荒くしました

「白い下着か、清楚な奥さんらしいね。でも、エッチな毛がはみ出ているよ」

菊池さんの顔が股間に近寄ってきました。

「いやん！　恥ずかしいわ、そんなところ見ないで。アハン」

パンティの上から、敏感なくぼみをツンツンと突かれました。

「あぁ、ねっとりした液が出て糸を引いている。赤い実が透けて見えるよ」

指が動くたびに、体がザワつき、背中をそらしていました。

「こんなに濡れる体を放っておくなんて、あいつはひどい奴だな」

菊池さんは、パンティをずりおろしながら、ゴクンと唾を飲み込んでいました。

「すごい……ぱっくり割れて、物欲しそうに、ヒクヒク動いているよ」

ざらついた舌で、露になった割れ目をベロンと舐め上げられると、久しぶりの刺激に声が洩れてしまいました。

「ウッ、ウゥン！　アヒ、ヒッ、感じる、ん。アアッ！」

ピチャピチャと音を立てながら、執拗《しつよう》に舐められているうちに、イってしまいそうになって、あわてて口元を手でふさぎました。

「硬いやつが欲しいかい？　旦那の友だちのでもいいのかい？　言ってごらんよ」

夫の存在を考えると、迷っているヒマはありませんでした。うなずきながら、とうとう自分からねだっていました。

「ほ、欲しいわ。もうだめ、お願い……菊池さんの硬いやつを、入れて！」

ニュルッとめり込んできた棒は、年齢を思わせないほど硬くなっていて、ヒクついた子宮を圧迫してきました。

長いこと刺激されていなかった穴をこじ開けられると、思いのほか窮屈になっていて自分でも驚きました。

全身から汗が噴き出し、新品のシーツがぐっしょり湿っていきました。

「うわ、すごくキツイ穴だ。そんなに締めつけられたら、すぐ出ちゃいそうだよ」

いつの間にか私も自分から腰を振っていました。

「もっと深く挿して、んんっ！　あ、あ、イクッ、イクッ、イク〜ッ！」

菊池さんが激しく腰を振りはじめると、息子のベッドがミシミシときしみました。下の部屋で寝ている夫に聞こえてしまうかもしれない、そう思っても止められないほど気持ちよくなっていました。

射精のために腰を引こうとした彼の体に、両脚を巻きつけていました。

「いや、抜かないで！　このまま……中に出して！」

何年間もセックスレスでいた間に、私の体は妊娠の可能性をなくしていました。そのことに気づいたとたん、より大胆になってしまったのです。

男性器の生肌にこすられて、快楽だけに没頭するセックスをしたのは、息子が生まれる前まででした。避妊を考えはじめたときから、夫とのセックスはつまらないものになっていたのかもしれません。

私の穴の中に、なみなみと精液を注がれる感触がありました。

「ああ、ほんとうに中に出してしまったよ、人の奥さんなのに。大丈夫かな？」

射精して、急におとなしくなった彼の頭をぎゅうっと胸に抱きよせていました。

「まだ、足りないくらいよ。私、おかしくなっちゃったのかしら」

初めての浮気をした高揚感に包まれてうっとりしていると、カタンと物音が聞こえてきて、ハッと我に返りました。

「いま、何か聞こえなかった？」

体を縮こまらせて彼に聞くと「いや、何も」と答えました。気のせいかしら？　と思いながらも大急ぎで乱れた服を直し、息子の部屋を出ました。

恐るおそる一階に下りて寝室をのぞくと、壁のほうを向いて眠る夫の姿が見えて、ほっと息を吐きました。このとき初めて、スリリングな快感というものを味わったのです。

翌朝、菊池さんと三人で、遅い朝食を摂りました。

彼は意外にも平然とふるまっていましたが、私は緊張して、夫の顔をまともに見ることができませんでした。

菊池さんは、そんな私をからかうように、夫が視線をはずしたすきにいやらしい視線を向けてきたり、お尻をなでてきたりしました。

午後になって、彼は帰っていきました。

夫が「また、いつでも来いよ」と無邪気に声をかけるのを聞きながら、少しだけ胸が痛んでいました。

その夜、思いがけず、ベッドの中に夫が入ってきました。

「アン、あなたったら、急にどうしたの？　アァ、アハン」

何年間も冷めた態度を取ってきた夫が、突然荒々しく、乳房にしゃぶりついてきたので驚きました。元気を失っていた男性器が、その日は別の人のモノみたいにカチカチになっていたのです。

なぜ急に？　と不審に思いながらも受け入れていました。夫婦ですから、本来ならあたりまえのことなのですが、後ろめたさがあったぶんだけとまどってしまいました。

いつになく激しい夫の腰づかいに突かれながら、菊池さんとのセックスを思い浮かべているうちに、達してしまいました。

求めてきたのはその日だけで、すぐにセックスレスの生活に戻っていました。

それから一カ月が過ぎたころ、また、週末に菊池さんを呼んでいいかと聞かれました。

「この間はすごく楽しかったってさ。あいつも独り者だからな、さびしいんだろうよ」

夫のその言葉を聞いたときは、正直ほっとしました。突然夫が求めてきた日から、何か勘づいているんじゃないかとビクビクして過ごしていたのです。彼を呼ぶということは、何も気づいていない証拠だと思えました。

「大歓迎よ。あの人が来ると、家が明るくなるものね」

平静を装《よそお》って答えていましたが、彼に会えると思うと、うれしくてたまりませんでした。

夫を酔わせてしまえば、また、彼と抱き合えるかもしれない。そんなあさましい考えが頭に浮かんだのです。

私ったら、ほんとうに色狂いになっちゃったみたいだわと自分を恥じましたが、彼との夜を思い出すだけで、アソコが濡れてしまうことがたびたびあったのです。

約束の日、昼間のうちにシャワーを浴びて、彼が気に入ってくれた白のパンティをはきました。

料理もお酒もたくさん揃えて待っていると、会社帰りの夫といっしょにやってきました。

「お言葉に甘えて、また来ちゃいましたよ。何も、おかまいなく」

菊池さんはそう言いながら、チラチラと私の体に視線を送ってきて、ニヤッと笑いました。三人でテーブルを囲んでいるときも、テーブルの下から私の脚をなでてきたりしました。

私は気が気ではなくて、夫のほうを盗み見しながら「だめよ」と口パクで言って、彼の行動を制していました。けれども、そんなふうにされているうちに、そのあとのことを期待してしまい、股間がじわっと濡れてきてしまったのです。

夫は楽しそうに菊池さんと話しながら、お酒のピッチを速めていました。

「年を取ったせいかな。俺もだいぶ酒が弱くなったもんだよ。もう眠くなってきた」

夫はそう言ってあくびをしはじめていました。そのくせ、泊まっていけよと菊池さんを引き留めていたのです。

「先に寝るが、菊池はまだ飲み足りないだろうから、お前が相手をしてやってくれ」

そう言って寝室に引き揚げていく夫を見送りながら、しめしめと思う自分と、違和感を覚える自分がいました。

もしかしたら試されているのかも……？　一瞬、そんな疑念がわいたのですが、快楽への執着《しゅうちゃく》が、覚えた違和感をかき消していました。

夫が去ってから少しの間、菊池さんと二人で飲んでいました。しばらくすると、彼は待ちきれないというふうに、リビングで抱きついてきました。

「アン、まだダメよ。あの人が、もっと深く眠るまで待ちましょうよ」

シャワーを勧めましたが、そんな時間も惜しいと言って、乳房をもんできました。

「ハァ、ハァ……こうしてエプロン姿の上からさわるのもいいもんだな」

そんな場所でしてはいけないと思いながらも、心地よさにほてった体を彼に押し当てていました。

「アハッ、ン！　感じちゃう。でも、ここはマズいわ。息子の部屋へ……」

部屋に入ってドアを閉めると、菊池さんは、股間のモノを引っぱり出していました。

前回は、恥ずかしさととまどいでじっくり見る暇もなかったのですが、あらためて見てみると、カリ首の浮き上がった立派な男性器でした。

「これが恋しかったんだろう？　ちょっと舐めてみるかい？」

彼の足元に跪《ひざまず》いて、夢中で舐め回していました。そうしている間にも、アソコはどんどんヌルついてきました。

「おいしそうに舐めてくれるんだね。今日は奥さんが上になってみてくれないか」

ベッドにあおむけに寝た彼の股間に跨《また》がりました。

夫との性生活でも、そんな体位はあまりしたことがありませんでしたが、やりたくてたまらなくなると、なんでもできてしまうものでした。

握り締めた男性器を割れ目に押し当て、ゆっくりと腰を沈めながら、いちばん深いところまで呑み込んでいきました。

「アッ、アッ、いいわ、こんなふうにすると、すごく奥まで来るのね、アアッ！」

ブラウスのボタンがはずされて、飛び出た乳房をもまれながら腰を振っていました。

「やだ、私ったら、もうイッちゃいそうよ！　ヒッ、ハァ〜、アハン」

喘ぎながらのけぞった視界に、信じられないものが映りました。ドアが少し開いていて、そのすき間から夫が覗いていたのです。

やっぱり試されていたんだわ！　と気づいて、一瞬体がこわばりました。

急いで菊池さんの体から下りようかとも思いましたが、その現場を見てもなお、じっと覗きつづけている夫の行動は、明らかに不審でした。

もしかしたら夫は、私と菊池さんがするところを見て、興奮しているのではないかと思ったのです。

招いた友人を置いて、二度も先に寝てしまうなんて考えてみたら不自然だし、菊池さんと初めて抱き合った翌日、突然ベッドにもぐりこんできたのも、それで納得できました。

最初から、菊池さんとそうなるように仕向けられていたのです。夫が望んでいることだとわかると、もっと見せつけてやりたくなって、夢中で腰を振っていました。

行為が終わってみると、いつの間にか夫の姿は消えていました。

シャワーを浴びて寝室に入ると、隣のベッドに、いつもどおりの夫がいました。

朝方、夫の体の重みで、目を覚ましました。

乳房に吸いつきながら、アソコが濡れるのも待たずに、硬いモノを押し込んできて、突き上げるように腰を振ってきました。

「あんな顔、俺にも見せたことがないくせに……」

独り言のようにつぶやく夫の声を聞きながら、女として求められることの悦びを噛みしめていました。

菊池さんは、いまでもたまに泊まりにきてくれますが、夫は相変わらず先に寝てしまいます。夫はそのことを口にしないので、どんな気持ちでいるのかはわかりません。

確かなのは、菊池さんとの行為を見られるようになってから、冷え切っていた夫婦関係が良好になったことです。もう、息子のいないさびしさも感じなくなりました。

ご近所の嫌いな美魔女の弱みを握り豊満すぎる肉体を欲望のままに弄び！

佐藤信介　会社員・四十三歳

木村《きむら》夫妻がこの町に引っ越してきたのは、一年半ほど前のことでした。

夫妻は、いわゆるご近所のトラブルメーカーでした。ゴミ出しの決まりは守らない、駐車マナーは悪い、町内行事にはまったく協力しないと、はっきりいえば町の鼻つまみ者になっていました。

なんの商売をしているのか、成金丸出しの趣味の悪い豪邸に納まって、近隣住民をあからさまに見下しているのです。

特に態度が悪いのが、奥さんの美和子《みわこ》でした。

私はそのとき運悪く輪番で町内会長になっていたので、ゴミ出しのことなど注意しなくてはいけません。家も近くでしたから、気は進みませんが物を言わなくちゃならない立場でした。しかし美和子はいつも、返事もせずに「ふん」と鼻を鳴らすと、高級車のドアをバタンと閉めてどこかへ走り去ってしまうだけでした。

「まったく、なんて女だ」

むかっ腹を立てはするものの、私にはそれ以上なにができるでもなかったのです。

ところが、ある晩、事件が起こりました。

私は職場の接待で設けたちょっとした酒席を終えて、深夜の盛り場を一人家路に向かっていました。

そこで偶然私は、美和子と出会ったのです。美和子は、若い男にしなだれかかるようにして歩いていました。相手は二十歳そこそこの、派手な身なりのホストみたいな青年でした。どう見ても四十代の美和子から見れば、息子のような年齢です。

二人が男女の関係なのは、ひと目でわかりました。

あろうことか美和子は、稼ぎのいい夫がありながら、若い男と不倫関係にあったのです。

私が啞然として見つめていると、ふと美和子の顔がこちらに向きました。私たちの目が、はっきりと合いました。

美和子はさっと顔色を変えると、男の手を引っぱって逃げるように人混みの中へと消えていきました。

やれやれ、とんでもないことを知ってしまったな。そのときの私は、ぼんやりとそんなことを考えただけでした。正直、美和子がなにをしていようとなんの興味もありませんでした。チンピラじゃあるまいし、恐喝まがいのことをする気も起こりません。

しかし、先に動いたのは、美和子のほうからでした。

次の夜、私が駅から自宅への道を歩いていると、すぐ横に一台の車が停まりました。美和子が運転する高級車でした。

「あの……こんばんは。ちょっと、お話があるの。いいかしら？」

ふだんの美和子からは考えられない、ていねいな口調でした。驚いたことに、顔には愛想笑いさえ浮かべています。

美和子の狙いはすぐにピンときました。私は美和子に請《こ》われるまま、彼女の車の助手席に納まりました。

差し迫った調子で、美和子は切り出しました。

「あの……昨夜のことですけど……誰にも言わないでほしいの。お願い。夫に知られたら、あたし、殺されちゃう。黙っててくれるなら、あたし、なんでもしますから」

「ふうん、なんでも、ねえ……」

私はしげしげと、美和子を上から下まで眺め回しました。

金持ちの奥さんだけあって、美和子は容姿の維持に金をかけていました。性格はともかく、顔は文句のない美人です。毎日のようにエステで磨いている肌もつやややかで、まるで二十代のようです。

ボディラインもまったくたるみがなく、しかもそれをこれでもかと誇示するような、体にぴったりしたワンピースを着ていました。大きく空いた胸ぐりからは、Ｆカップはありそうな巨大なバストの谷間が露出しています。年齢を考えない短めのスカートからすらりと伸びた脚線も美しく引き締まっています。

ルックスだけでいえば、美和子はたまらなく性欲を刺激する女だったのです。

美和子本人も、自分の性的魅力を使う気まんまんでした。

意味ありげに私を上目づかいに見つめ、豊満な胸を両腕でぐっと持ち上げてみせるのです。

「もし、あたしの体で黙っててくれるんなら、いいわよ……」

向こうからそこまで言ってくれるんなら、断る理由はありません。前々からムカついていたイヤな女を裸に剝いてめちゃくちゃにしてやれるなんて、願ってもないことです。

私は遠慮なく、服の上から美和子の乳房をわしづかみにしてやりました。日ごろの美和子なら、私がちょっと肩にふれただけでも激怒したはずです。でも、この日の美和子は従順でした。

いいえ、従順どころか、私に豊かな乳房を無遠慮にもみしだかれて「あふぅ……」と甘い声さえあげるのです。

「そういうことなら、遠慮なくいただくとするかな」

私は美和子の顎をつかんで強引に引き寄せ、濃い口紅を塗っている唇を思いきり吸ってやりました。これには思わず、美和子はビクッとして身を引きました。

「キ、キスはいや……ほかのことならいいけど、唇だけは……」

私はことさらムッとした顔をしてみせました。

「ふん、そこはプライドが許さないってか。やっぱりお高く止まってんな。だったら俺も帰らせてもらうよ。冷めちまった」

車から降りようとする私の腕に、美和子はあわてて取りすがりました。

「ま、待って！　ごめんなさい、帰らないで！　わかったわ、なんでも、好きにして」

観念したように、美和子は言いました。

私は助手席に戻ると、少し横柄に指で自分の唇を差し示しました。

「あんたからキスしてくれよ」

いまや立場は圧倒的に私が上だとわかりました。こうなったら、とことん美和子をいたぶっていままでの溜飲《りゅういん》を下げてやる。私はそう決めていました。

悔しさとみじめさで、美和子の眉がピクピクしているのがわかりました。それでも美和子は意を決して、自分から私に体を寄せ、唇を重ねてきました。

美和子も大人です。いったんキスを始めたら、すぐに舌を私の口の中へと差し入れてきました。舌と舌を絡める濃密なテクニックに、次第に私の股間も反応しはじめました。

キスそのものの快感もさることながら、日ごろあれだけ私を見下していた美和子が、自分からこびるように私の唇を求めているという行為が実に痛快で、それがよけいに私を興奮させてくれるのです。

私はディープキスを楽しみながら、美和子の巨乳を思うさままさぐり、さらにはスカートの中に手を差し込みました。

驚いたことに、美和子の股間もまた熱を帯び、パンティはすでにしっとりと湿っていました。私が指先で敏感な箇所をくすぐってやると、美和子は「あんっ、うぅんっ」とお尻を振り、いい反応をしてくれます。

自分から体を提供するだけあって、美和子もエッチは嫌いじゃないようです。

私は、すでにズボンの中でパンパンになっているブツを美和子に示しました。

「口でしてくれよ」

「え……こ、ここで、するの？」

美和子はまた、しぶい顔をしました。街灯も暗く、ほとんど人通りのない路肩とはいえ、誰に見られるかわからないカーセックスなど乗り気はしないのでしょう。

しかし私は、シートをリクライニングさせ、ふんぞり返ってなおも冷たく促《うなが》しました。美和子がいやがるほど、それを無理強いしてやりたいというサディスティックな欲望が燃え上がってしまうのです。

「いいから、ほら。フェラくらいしたことあるだろ？」

不承不承という感じで美和子は私のズボンに手を伸ばしました。ベルトをはずしズボンと下着をおろすと、はちきれそうになっているジュニアが剝き出しになりました。

それをひと目見た美和子の口から、思わず驚きの声が洩れました。

「あら……あんたの、大きいのね」

自慢じゃありませんが、ナニの大きさには自信があります。若いころには、大きすぎて痛いからという理由で女の子に振られたこともあるくらいです。

「まあね。しゃぶりがいがあるだろ？　さっさとやってくれよ」

美和子は、明らかに私の巨根に性的な刺激を受けたようです。とてもいやいやしているとは思えないくらい積極的な舌づかいで、私のソレを根元からペロペロしはじめたのです。

美和子の経験豊かな舌は、ときにまるでナメクジみたいに私のモノにねっとり絡みつき、ときに先端をキャンディみたいにレロレロとねぶり回し、その心地よさに私は思わず「うまいじゃない、奥さん。最高だよ！」と声をあげてしまったほどです。

やがて美和子は、そそり立った私のその部分を、口の中に含んでいきました。美和子の口の中は熱い唾液が溢れんばかりでこらえられません。

「あの高慢ちきな奥さんが、車の中で俺のペニスをしゃぶっているだなんて、まったくびっくりだよ。あんた、よっぽど旦那が怖いんだな」

美和子はなにも言わず、ますますフェラを激しくするだけでした。

じゅぽ、じゅぽと音を立てて激しい口ピストンをされると、不覚にもタマ袋が攣《つ》ってきて、精液が急速に充塡《じゅうてん》されてきてしまいます。

「奥さん、イキそうだ……口で出すから、全部飲んでよ」

私は美和子の波打つ髪をつかみ、絶頂の瞬間に備えました。

ガマンなどいっさいなく、私は性欲のおもむくまま、美和子の口の中に射精しました。

「おっ、おっ、出る、出るっ、くぅーっ」

「んんーっ」

美和子に抵抗する様子はありませんでしたが、私はその頭を抑えつけ、精子の最後の一滴が出きるまでそのままにさせせました。

口いっぱいの粘液を苦しそうにごくんと飲み干すと、美和子は真っ赤になった顔を、こちらに向けました。

「こ、これで、満足してくれた？」

私は冷笑しました。

「まさか。こんなの序の口だよ。それに、あんただって実はヤリたいんじゃないか？このデカチンで本番までさ」

「そ、そんな……こと、あるわけないでしょ……でも、あんたがしたいって言うなら、させてあげてもいいわよ」

精いっぱいの虚勢を張ってそう言う美和子でしたが、彼女自身も悶々と発情しているのは手に取るようにわかりました。

「でも、ここで本番はいやよ。人目につかないホテルに行きましょ。お願い……」

「ああ」

美和子は車のアクセルを踏みました。

しかししばらく走ったところで、私はふとあることを思いつき、脇道へ入るよう美和子に指示しました。

「な、なによ、ここ」

怪訝そうに美和子が尋ねました。

そこは、町はずれにある公営グラウンドでした。ナイター設備はないので、夜は真っ暗で誰もやってきません。

駐車場から少し歩くと、暗がりの中に公衆トイレの灯りがぽつんと光っていました。

私はそこに向けてあごをしゃくりました。

「入れよ。あそこでやろうぜ」

「い、いやよ、あんな汚らしいところ！　勘弁して……」

さすがに美和子は抗議しましたが、私は聞き入れません。美和子の腰に腕を回し、半ば強引に多目的トイレに押し込みました。

「こういう場所のほうが興奮するんでね。ほら、とっとと脱げよ。素直になれば、さっさとすませてやるからさ」

私は冷ややかに命令しました。

美和子はさすがに少したためらう様子を見みせましたが、結局観念して、おずおずと着衣を脱ぎはじめました。

ワンピースを脱ぎ捨てた美和子の下着姿は、日ごろからジムやエステで磨いているだけあって、四十代とは思えないほど引き締まっていました。

すべすべの白い肌、高級そうなブラからはちきれそうな乳房の谷間、ほどよくくびれを残したウエスト、熟女らしくたっぷりと大きなヒップ……想像以上のプロポーションです。思わず私もゴクリと生唾を飲んだほどです。

「全部脱げよ」

私がさらに促すと、もはや覚悟が決まっているのでしょう、美和子はブラジャーもパンティも、すべて取り去りました。

濃い紅色の乳首を載せて豊かすぎるバストが、私を誘うようにたわわに揺れていました。

陰毛は一分を残してきれいに処理してあり、すでにぬめりを帯びた割れ目が立ったままでもはっきりと見て取れます。

夜の公衆トイレで、美熟女が素っ裸です。あの気の強かった美和子が恥ずかしさに顔を伏せ、かすかに膝をふるわせています。

「へえ、さすがにいい体してるんだな」

私は美和子の裸体を抱き寄せ、荒々しく乳房を握りました。おもしろいことに、乳首はすでにコリコリに硬くなっています。

「あ、ああん……や、やさしくしてぇ……」

美和子の声は、抗議というより甘いよがり声でした。美和子も、こういう屈辱的なシチュエーションに興奮していたのでしょう。

勃起した乳首をしゃぶってやると、おそらく待ちかねていた美和子は肩をふるわせて、熱い息を吐きました。

「あぁ……」

「こんなところで好きでもない男に抱かれて感じてるのか？　スケベな奥さんだな」

乳首を舌と指でなぶりながらささやいてやると、美和子は小さくかぶりを振ります。

「そ、そんなこと……言わないで……ああんっ、いやぁん……」

「乳首がビンビンじゃないか。アソコももう濡れぬれなんだろ？」

私はじわじわと、指を美和子の股間へと差し入れました。

「いや……そ、そこは……」

美和子は身じろぎしますが、言うまでもなく美和子の陰部は熱くほてり、ぬらぬらと本気汁を溢れさせていました。クリトリスなど、はっきり目で見えるほど肥大しています。

指でひとなでしてやっただけで、美和子は「はうぅっ」と感極まった声をあげ、腰をくねらせます。いまや美和子は、マゾ的な快楽に飢えたただの淫乱です。

「そこの便器に手をついて、こっちにケツを突き出すんだ」

私が命じると、美和子ははぁはぁと息を弾ませながら、従順にそのとおりのあさましいポーズを取ります。

私はしばらく、美和子の美しい尻を目と手のひらで楽しんだあと、おもむろに指を濡れ滴る割れ目の奥へとねじ込んでやります。そのまま、ずぽずぽと指ピストンをしてやります。我ながらかなり乱暴な手つきですが、美和子はむしろそれを喜んでいるようでした。

「あはぁっ！　許してぇっ！　かき回しちゃいやぁんっ」

「こんなところで手マンしてもらって気持ちよくなってるのか？　ええ？」

私の詰問に、美和子はお尻をぷるぷると振り立てながら叫びます。

「んんっ、気持ちいいっ！　アソコいじられるの好きぃっ！　あーっ、イクぅ！」

美和子がすっかり気分を出しているのを見て取ると、私はすぐに指を割れ目から引き抜きました。

「あっ、やめちゃうのぉ？　もっと、もっといじくってぇっ！　イカせてよおっ！」

美和子はまた尻を左右に振っておねだりしてきます。私は口汚く怒鳴り、美和子の真っ白なヒップをピシャリと叩きました。

「うるせえ。勝手によがってんじゃねえよ。次はこっちが楽しませてもらうぜ。ゴムなんか持ち合わせてないけど、別にナマでもいいよな？」

私はズボンをおろしました。すでにムスコはギン勃ちです。

それを握って、私は無造作にそれを美和子の女性自身へと押し込んでいきました。

「あっ、待って……ナマは許して。あっ、あっ、ダメ、入ってきちゃう。ああ、すごいぃ……おっきいのがどんどん……はうう……」

わずかに困惑した反応を見せた美和子ですが、私の巨根が問答無用で膣を貫いていくと、そのあまりの快感に片手で自分の口をふさいで、歓喜の叫びをこらえるのが精いっぱいでした。

すでに愛液でふやけきっていた美和子の秘肉は、苦もなく私のそれを受け入れ、さらに自分からもっと奥へと導くようにヒクヒクとうごめきます。

ジムでよく鍛えている美和子の膣圧は抜群で、私自身、妻との行為ではしばらく忘れていた強烈な快感を味わっていました。あの憎たらしい女を思う存分お仕置きしてやっていると思うと、私の痛快さはさらにいや増します。

妻とのセックスではあれこれと気をつかわなくてはいけませんが、この相手にはそんなもの必要ありません。立ったままいやらしく美しい尻を突き出した美和子の性器を、私はただ自分の快楽のためだけ、ただ射精のためだけに突きしごきます。

「おお、いい締まりだぜ、奥さん。たまんねえ！」

「くうぅんっ、おっきぃの、すごいぃっ！　あ、あたし、壊れちゃうっ！」

美和子はいまや高慢な令夫人の仮面をかなぐり捨て、私が突けば突くだけ乱れ狂います。

「こ、こんなに奥までぇっ！　ああーっ、めちゃくちゃになるぅっ！　おっきくてギンギンのおチ〇ポ、最高よおーっ！」

このまま中に射精してしまってもよかったんですが、せっかくなのであの美和子の美貌がアヘ顔でヨガっているところも見てやりたくなりました。

私はいきなり、美和子の中から分身を引き抜きました。

「あ……いや。抜かないでぇ……」

すっかり快楽に酔いしれていた美和子は、せつなそうに振り返ります。

私は美和子と体を入れ替え、便器に腰をおろしました。すぐに私の意図を悟った美和子は、息をはずませながらいそいそと自分から私の上に跨ってきます。

「んっ……ああーっ、またぁ……ゴリゴリ入ってくるぅ。ああ、いいわぁ……」

対面座位での結合は、美和子の美しい顔がよく見えます。日ごろあれほど気取り返っていた美貌が、いまや汗とヨダレでどろどろです。髪も化粧も崩れ放題ですが、私の極太を子宮まで咥え込む快楽に、もうそんなことも気にならないようです。

「デカチンなら誰でもいいのかよ？　ドスケベだな、あんたは。ほら、自分から動けよ」

美和子は淫らに舌舐めずりしながら、言われるままに激しく腰を振りはじめました。

「んひぃぃっ！　気持ちいいっ、気持ちいいっ！　こんなの初めてよぉっ！」

美和子はもう目の焦点も合わず、一点を見つめながら狂ったようにピストン運動をしていました。

私のナニを包む膣肉はますます愛液を洩らしながら圧着してきて、それで猛烈にしごき上げてくるのです。私もまた、息詰まるような快感を思うさま堪能《たんのう》していました。

あの美和子にこんな奉仕をさせていると思うと、心地よさもひとしおです。

そろそろ私も、タマ袋が疼いてきました。私は美和子の腰に腕を回すと、自分からも力まかせに下からグングン突き上げてやります。

美和子にとっても男にえぐられる歓びは格別なのでしょう。首を大きくのけぞらせ、白目を剝かんばかりです。

「どうだ、奥さん、これがイイんだろ？　オラッ、オラッ、イけよ、オラッ！」

「おうっ、おぐぅっ、イイっ！　イイわっ！　こ、これ、ひゅごいっ！　い、い、イグッ、イグッ！　し、死んじゃ……おぉーうっ！」

私が最後に思いきり根元まで突き込んでやると、美和子はビクビクッと体をわななかせ、とうとう私に全体重を預けてきました。

わななく膣のうごめきに誘われるように、私も溜めに溜めていた鬱憤《うっぷん》といっしょに、特濃の精液を美和子の子宮にありったけ放出したのでした。

その夜以来、町内からは近隣トラブルはめっきり減りました。

私もよけいなストレスから開放されて、ほっとひと安心です。

ただちょっと困っているのは、美和子がすっかり私との過激なプレイにハマってしまったようで、顔を合わせるたびに、遠回しなおねだりをしてくるのです。

私もできる限り応じてやっているのですが、いずれ新たなご近所トラブルの種になりそうで、ちょっぴり心配です。

第二章▼愛する人を欺いて肉欲に溺れる男と女

年下のアルバイト青年に想いを抱き滾る極硬ペニスを呑み込む四十路妻！

白石明子　飲食店経営・四十四歳

数年前に脱サラした夫と二人で喫茶店を始めました。客席数はそれほど多くないし、駅前には有名なチェーン店のカフェもあるので、最初のうち経営はたいへんでした。でも「昔ながらの町の喫茶店」にもそれなりの需要はあります。モーニングセットや軽食を充実させて、お客さんとのフレンドリーな会話を心がけるようにしたら、意外なほどに常連客が増えてきて、どうにか経営は成り立っています。

常連客の九割は高齢者です。暇な高齢者が朝から店に来て、おしゃべりをして長居をするのです。世の中には、時間を持てあました高齢者が大勢いるのだということを知りました。もちろん、みんないい人で、私たちにとっては宝物です。

今年で四十四歳になる私は、そんなお客さんたちにしてみれば娘のようなものです。経営のことや夫婦仲のことを気にかけてくれる人もいます。

「夜の営みはうまくいってるの？　セックスレスの問題ならわしが協力してやるから、いつでも相談しなさい」

中には、下ネタ全開のおじいちゃんもいます。最初はとまどったけど、いまはそんなエッチな話も楽しんでいます。人間というのは、いくつになっても下半身の興味だけは尽きないのだなあと思います。

でもそのうち、私たちだけでは手が回らなくなってきました。料理や飲み物を用意しつつお客さんとの会話もして、会計のときはレジに行くというのは、二人だけではたいへんです。

それで、夫と相談してバイトを雇うことにしました。そうして出会ったのがフリーターの桜木《さくらぎ》君です。

商店街のフリーペーパーに小さな求人広告を出したのですが、最初に応募してきたのが彼でした。二十代後半ですが、いまどきの若い人にしては珍しくおしゃべり好きで、常連の高齢者たちともすぐに打ち解けて人気者になりました。みんな彼のことをかわいがり、彼と話すのを楽しみにしている女性客も大勢います。

おじいさんたちは私とおしゃべりし、おばあさんたちは桜木君と話したがるという感じで、店内は前にも増してにぎやかになりました。いまでは、うちの経営がうまくいってるのは彼のおかげだと言ってもいいくらいです。

ところが去年の秋、桜木君がいきなりバイトをやめたいと言い出したのです。

「三十歳までにはちゃんと就職したいから、そろそろまじめに就職活動します」

それが理由でした。確かにもっともな話だとは思いますが、私は少しでも長く働いてほしいので、なんとかして引き留められないかと思いました。

そしてある日、閉店したあと、主人には先に帰ってもらい、桜木君と二人きりになりました。じっくり話したほうがいいと思ったのです。でもいまにして思えば、私は心のどこかで、あんなふうになるのを望んでいたような気がします。

最初はまじめに話し合いをしていました。もちろん、桜木君の決心は固くて、私が何度「やめないで」と頼んでも、「三十歳までには正社員として働きたい」の一点張りです。いつまでも話は平行線でした。

「だって、桜木君に会うのを楽しみにしてやってくるおばあさんたちがいっぱいいるの、知ってるでしょう?」

「みんないい人ですよね。ぼくもおしゃべりするの、楽しいですよ。ただ、お年寄りがあんなにエッチだとは想像もしてなかったですけど」

桜木君が苦笑いしました。それは私も思っていました。私がおじいさんたちからときどきエッチな質問されるように、おばあさんたちも桜木君に下ネタを振ったりするのです。もちろん桜木君はいやな顔ひとつせず、うまく相手をしてくれるので、おばあさんたちも安心して欲望全開です。だから彼は人気者なのです。

「ぼくが横を通るときに、ズボンの前をさわってくる人もいるんですよ」

桜木君はちょっと顔を赤くして言いました。

「『若いから、立派に上を向いて立つんだろうねえ』なんて言いながら……」

「やだ、そんなこと言われてるの？」

私もちょっと想像してしまいました。目の前にいる桜木君の下半身のアレが元気に上を向いて勃起してるところが頭に浮かんだのです。主人は喫茶店が忙しいせいか、すっかり性生活がなくなり、もう何カ月もご無沙汰でした。そのせいもあって、いけない想像をしてしまったのです。

「実際にズボンの上からアソコをタッチされると、ぼくもついモヤモヤしますよ」

「やだ、ほんとに？　もしかして、仕事中に、おっきくなったりするの？」

「どう思います？」

桜木君の顔が近づいてきて、すごくドキドキしました。まさかこの年齢になって、そんなことを経験するなんて思ってもいませんでした。

返事に困っていると、桜木君はニヤニヤしながら、

「正直言って、ちょっと興奮することもあるんです。ちょっとタッチされるくらいならいいけど、中には、本気でグリグリしてくる人もいて……」

そう言って、お客さんの名前を何人か挙げました。

「ほんと？　そうか、ごめんね、そんなセクハラ受けてるなんて全然知らなくて」

「いや、いいんです。そんな意味じゃないです。ぼくもうれしいんです。みんなが楽しんでくれたほうが仕事のやりがいがあるし」

それを聞いて、私はますますやめてほしくないと思いました。

なんとかして説得したい。気持ちを変えてほしい。ずっと働いてほしい。

「でも、ほんとは奥さんみたいに若くてきれいな女性にさわられたいですけどね」

「やだ、何言ってるの」

すごくドキッとしました。そんなこと言われるなんて思ってなかったのです。

「ぼく、ときどき想像してるんですすよ。お客さんじゃなくて、奥さんがさわってくれないかなあって……ねえ、ダメですか？」

どう答えたらいいのかわからなくて迷っていたら、桜木君の手が私の手を握って、ズボンの前に引き寄せました。思わず指先でふれると、ズボンの中でアレが硬くなっ

てるのがわかりました。

「やめてよ、まじめな話してるときに、こんなのダメだよ」

「そんなこと言いながら、奥さん、さわり方がいやらしいですよ」

「え？」

気がつくと私は、桜木君の硬くなった男性器の形をなぞるように指を動かしていました。ハッとして手を離したのですが、指先には感触が残っていました。

「なんか、我慢できなくなってきました。あの、奥さん、お願いしてもいいですか？」

桜木君はいつもは出さないようないやらしい声でささやきました。

「じかに、さわってもらえませんか」

「じかに？　嘘でしょ、私、結婚してるんだよ」

「なんかいまので理性がふっとんじゃって。お願いします。いつも自分でこすってるだけだから、奥さんにさわられてみたいです」

「そんなこと言って、ずるい。じゃあ、少しだけね……」

桜木君を引き留めたい。その一心でした。

ドキドキしながらファスナーをおろしました。さらに白いパンツの中から男性器を引っぱり出しました。あまりにも大きくなってて、出すのに手間取りました。全部引っぱり出すと、ズボンの前からきれいな色のペニスが上を向いてそそり立ってて、その卑猥な形に体が疼いてしまいました。

「すごい！　桜木君のって、こんなに大きいんだ……」

「お願いです、奥さん、しごいてください」

「え？　しごくの？」

指先をからめて、それを上下にこすり上げました。すごく大きい。夫のより全然立派でした。なんだか自分が完全に理性を失ってしまいそうで怖かったけど、でも桜木君に店をやめられたら困るので、素直に従いました。

信じてもらえないかもしれませんが、ほんとうに私、やめなきゃって思ったんです。でも無理でした。上下にシコシコしていると、先端の穴から透き通った液が出てきて、桜木君が満足してくれてるのを教えてくれました。それを見て、なんだかうれしくなってしまい、ますます熱心に手を動かしました。

「感じてるの？　気持ちいいんだね。ああ、こんなに濡れてる」

指先でその液をツヤツヤのきれいな亀頭にぬり広げると、そこがテカテカ光って、すごくいやらしくなりました。尿道を指先で刺激すると、桜木君は上擦った声で喘ぎました。男性がそんなふうに声を出すのを聞くのは初めてでした。

私の手で若い男の子が感じてると思うと、なんだか頭がボンヤリしてきました。こんなことしてはダメと思ってるのに手が止まりません。それどころか、指でカリのところを刺激したり、根元を優しくしごいたりして、少しでも桜木君が気持ちよくなるようにしてる私がいました。

「さすが人妻ですね、すごく感じます。一人でするより何百倍も感じる」

「何言ってるの、エッチなんだから、もう」

「お願いです、奥さん、口でしてもらえませんか？」

「口で？　おしゃぶりするの？」

「そうです、フェラチオです。お願いします」

「で、でも、私、結婚してるし、そこまではできないよ」

「ぼくが、やめてもいいんですか？　やめさせたくないんでしょう？」

「そんな、ずるいよ、桜木君。フェラしたらやめないでくれるの？」

「はい。ちゃんとここで働きます」

「ほんとに？　そんなに私にフェラされたいの？」

そんなやりとりがあって、私はおしゃぶりする決心をしました。桜木君にやめられたら困ります。「あなた、ごめんね」と思いながら、その濡れて光ってる男性器に顔を近づけました。そして先端に唇を押しつけ、そのままニュルッと口に入れました。

口の中がいっぱいになったのを覚えています。フェラチオって、こんな感じだったなあと思い出しました。熱いもので口の中が満たされて息苦しい感じがして、なんだか自分がどんどん淫らになっていくのがわかりました。

「すごくうまいんですね、なんか夢みたいです。奥さんにしゃぶってもらうなんて、信じられない」

「あなたが、してって言ったんじゃない」

「なんか、すごくエロいですね、奥さんがぼくのモノ咥えてる横顔、卑猥すぎです」

「やだ、見ないで、恥ずかしい」

でも本当はすごく興奮していました。ジュボジュボと音を立てながら頭を上下に動かしていると、自分がラブドールになったようなヘンな気分でした。少しでも桜木君を気持ちよくしてあげたい。そうすればきっと、仕事をやめないでいてくれるとひたすら思いながら、唾液を溢れさせてペニスにまぶしました。

そうしたら、先端から新しい液が溢れてくるのがわかりました。舌がそれを感じていました。なんだかすごくうれしくなりました。

「こんなことしてたら、そのうち、ぼくイッちゃいます」

「いいよ、お口の中で出してよ」

「もったいない。今度は奥さんの番ですよ。奥さんのおっぱい、見せてくださいよ」

「え？　なんてこと言うの、本気？」

びっくりしましたが、桜木君の顔は本気でした。「言うとおりにしてくれないなら、やめちゃいますよ」と言われたら、私は従うしかありません。

あらためて椅子に座り直して、言われるがままにセーターをたくし上げて、ブラをずらし、乳房を丸出しにしました。

「こ、これでいい？」

「すごい、やっぱり大きいんですね。サイズはいくつなんですか？」

「は、八十八のDカップよ……いや、あんまり見ないで」

でも桜木君は、顔を近づけてしげしげと見ています。その視線を感じて、乳首がコリコリになるのがわかりました。四十四歳の自分の体が、まだそんなに敏感なことに自分でびっくりしてしまいました。

桜木君に言われて乳房を揺らしました。すごく恥ずかしかったけど、桜木君のペニスがピクンピクン反応してるのに気づきました。

「奥さん、じゃあ、今度は下を見せてください」

「え？　ほ、ほんとうに？」

胸だけで終わるはずはありません。私は催眠術にかかったようにパンツを脱いで、スカートをまくって椅子の上でM字開脚しました。

「こ、これでいい？　私のここ、見たかったの？」

「見たかったです。仕事中もいつも想像してました」

「やだ、エッチなこと言わないで」

いま思い出しても恥ずかしくて顔が熱くなります。椅子の上に足を乗せて、女性のあの部分を全開にしているのです。しかも、そこに桜木君の顔が近づいてきて、食い入るように見ています。まだお風呂も入ってなかったので、きっと匂いもしていたと思います。もう頭の中がグルグルしていました。

「すごいですね。もういっぱい液が溢れて、ヌルヌルしてますよ」

「言わないで……」

「こんなに濡れやすいんですね。もしかして、お客さんたちにエッチなこと言われて、仕事中にも濡らしてるんじゃないんですか？」

「そんなことない！　いまは桜木君に見られてるから、そうなってるだけ」

「見られるだけで、こんなになっちゃうんだ。クリも大きくなってる。やっぱり女の人って、興奮すると、ここがふくらむんですね」

「言わないでよ！　恥ずかしい」

きっと桜木君は、女性経験が少ないんだと思います。アソコを見てる目がすごくいやらしく輝いてます。我慢できなくなったのか、見ながら、片手で自分のアレをこすりはじめました。すごくいやらしい。私をオカズにしてるんだと思いました。

「ねえ、言われたとおりにしたんだから、バイトやめないで続けてくれる？」

なんかもうおかしくなりそうだったので、最後の理性を振り絞って聞きました。

「うーん、どうしようかなあ？」

「ひどい、意地悪……ねえ、やめないで、お願い」

私のほうももう耐えられなくなって、気がつけば自分で乳首をいじくりながら、もう片方の手でアソコをまさぐっていました。ずっとセックスレスだったから、もう頭がおかしくなりそうでした。

「奥さん、すごいです。熟女のオナニーをナマで見るの、初めてです」

「そんなこと言わないで……もう指が止まらないの」

「いいですよ、いっぱい感じてください。オナニーの見せっこですね。ぼくも、ほら、こうやってオナナってますよ」

いつも働いてるお店の中で何をやってるんだろうと思いながらも、指を止めることができませんでした。桜木君の上下に動く指を見ていると、私も夢中になって敏感なオマメをいじってしまっていました。

そんな卑猥なことするのは生まれて初めてでしたが、でも、桜木君を満足させてあげないとやめてしまうから仕方ないと、自分に言い聞かせていました。

「奥さんて、年齢のわりにはいい体してますよね」

「恥ずかしいこと言わないで。でも、ありがとう」

「男のお客さんたち、みんなすごくエロい目で奥さんの体を見てますよ。この体なら、どんなに高齢でも勃っちゃうんじゃないかな」

「そ、そんなことないよ、もう言わないでよ」

「奥さん、お尻も見せてくださいよ。奥さんのムッチリしたお尻、いつも気になってたんです。じっくり見てみたい」

「お、お尻は恥ずかしいよ、すごく大きいんだもん……」

「何センチあるんですか？」

「最近は計ってないけど、結婚したころは九十五くらいあったかな？」

「いいなあ、たまらないですね。ね、見せてくださいよ」

何度も頼まれて、私は仕方なく立ち上がり、言われるがままに、うしろを向いてスカートをまくり上げ、お尻を突き出しました。そんな格好、夫にも見せたことはありません。後ろから見てる桜木君には、アソコもお尻の穴も全部見えてるはずです。

「たまりませんよ、奥さん。そのままお尻を左右に振ってみてください。店内を歩いてる感じでプリプリ揺れてるところが見たいんです」

「もう、エッチなんだから」

言われるがままにお尻を振りました。歩いてるつもりで左右に揺らすと、桜木君は顔を近づけて、はあはあ言いながら見入ってます。

「仕事中、スカートの中でこんなふうに揺れてるんですね」

「言わないで！　私だって、みんなに見られてること気づいてるんだから」

「でも、こうやってナマのお尻を見た人はいないんですよね。しかも、お尻の穴まで見えてる。肛門のしわが動いてるのがバッチリわかりますよ」

「だめ、そんなこと言わないでよ、恥ずかしすぎるよ」

そう言いながら、アソコが熱く疼いて、また新しいオツユが溢れてくるのがわかりました。見られるだけでそんなに感じてる自分が信じられませんでした。

振り返ると、桜木君は相変わらず夢中でしごいてました。イキそうになるのか、途中で動きを止めて我慢してるようなのが、すごくいやらしい感じでした。私はますますお尻を振って、楽しませてあげようとしました。すると、お尻に熱いものが押しつけられました。

「あん、だめ、それはいけない」

思わず逃れようとしましたが、両手でガシリとお尻をつかまれました。

「こすりつけるだけですよ。このプリプリのお尻の感触を味わいたいんです、いいでしょう？　こんな尻肉を見てたら、もうたまらないですよ」

そう言って、桜木君は熱くて硬いペニスをズリズリこすりつけてきました。なんだか変質者に襲われてるみたいでゾクゾクしました。しかも、お尻にヌルヌルの我慢汁がぬりつけられていくのもわかるのです。お尻が汚されていく感触がいやらしくて、気がつくと私のほうも、桜木君の動きに合わせてお尻をくねらせていました。

「奥さんも、気分出してるじゃないですか？」

「ち、違います、そんなんじゃないよ……」

そうは言っても、もうアソコが熱く疼いていて、そのまま硬いのを挿入してほしくなってました。私は結婚してる女だから、そんなのダメと思っても、硬くなって上を向いてる男性器を少しずつアソコに誘い込んでるのが自分でもわかりました。ずっとセックスしていない四十四歳の熟れた体に、それはあまりにも刺激的すぎました。

「ねえ、奥さん、欲しくなったんでしょう？」

「え？ ち、違います、欲しくなんかないです……」

「嘘ばっかり。ここ、こんなに濡れてますよ」

男の指がアソコにヌプッと入ってきて、中をかき回し、愛液をすくい取るように動くと、スッて出ていきました。

「ほら、こんなにビショビショになって垂れてるじゃないですか」

「やめて、恥ずかしいよおお」

「ほら、ちゃんと言ってくださいよ、ハメてほしいって。ね、もう我慢できないのはわかってるから、ハメてくださいってお願いしてくださいよ」

ふだんはまじめに働いて、おばあさんたちとにこやかにおしゃべりしてる桜木君が、まるで別人のようになってうしろから耳元でささやく声に、もう体がトロトロに溶けてしまいそうでした。うんと年下の男にもてあそばれていると思うだけで、もう私は自分から、はしたなくお尻を突き出していました。

「お願いです……ハメて。桜木君のカチカチにいきり勃ってるモノを、うしろから思いきりハメてください、お願いします」

男性器をさす卑猥な言葉を口にしながら、そう懇願しました。

桜木君は、それを熱いところに押し当て、愛液を先端にまぶすようにこすり上げました。そして、じらすように先っぽを入れたり出したりしたかと思うと、やがて狙いを定めるようにして、一気にグイと押し込んできました。

「あああ、すごい、大きいいいい！」

思わず声が洩れてしまいました。ただでさえ夫のよりも大きなペニスが、情け容赦《ようしゃ》なく奥まで突っ込まれたのです。体の中がビッチリと埋め尽くされて、熱いものが口元まで込み上げてきそうでした。久しぶりに味わう挿入の感触でした。

「奥さん、壁に両手をついて」

言われるがままの格好をして、大きなお尻を突き上げました。そのお尻をつかんだ桜木君が激しくピストンしてきます。動くたびにグチュグチュと卑猥な音がして、中から熱いオツユがかき出されるのがわかりました。オツユが垂れ落ちて、お店を汚してしまう。そんなことが頭の隅をよぎりましたが、でもあまりにも気持ちよく感じてしまって、もっともっととおねだりするように、お尻を揺さぶってしまいました。

「いやらしいな、自分からお尻動かしてる」

「だって、気持ちいいから。こんなの初めて！」

「旦那さんとしないんですか？　夫婦って毎晩セックスするもんでしょ？」

「まさか。もうずっとしてないの。セックスレスなんだから」

「だからこんなにキツキツなんですね、奥さんのここ」

そう言いながら奥のほうをグリグリ刺激してきます。私は思わず悲鳴をあげてしまいました。もう頭がおかしくなりそうでした。

やがて桜木君は椅子に座り、私に跨るように言いました。

「どう？　対面座位もいいでしょう」

下から突き上げられて、また大きな声をあげてしまいました。お店の外を歩いてる人に聞こえたらどうしようと思いながらも、声が洩れてしまいました。

「ああ、すごい、あなたのすごくいい！　勝手に腰が動いちゃう」

「奥さんのアソコも最高ですよ。女の体ってこんなにいいんだ」

「そうだよ、女の体って気持ちいいでしょ？　ねえ、毎日やっていいよ。毎日セックスしていいから……だからお店やめないで」

「ほんとに？　毎晩やらせてくれるんですか？」

「約束する。毎晩あなたのコレをぶち込ませてあげる」

「奥さんて、ほんとはスキモノなんですね」

桜木君は私の口に自分の舌を入れてきました。ディープキスしながら私の腰を抱えて上下に揺さぶりました。どっちの方向に動いても、そのたびに体がジンジンしびれて、なんだかもう全身の感覚がなくなりそうでした。

「すごい、すごいの、桜木君、こんなの初めて！」

「ぼくもですよ、オナニーなんかよりずっといい。毎晩こうやって奥さんとセックスしたいです」

「いいよ、していいよ、毎晩ぶち込ませてあげるから！」

気がつくとそんなことを言いながら桜木君の体にしがみついていました。

そのうちお互いに言葉も出なくなって、ただもう喘ぎ声だけを洩らしながら、とうとう最後の瞬間になりました。

「ねえ、出そう。どうしたらいい？」

「中はダメだよ、口に出して！」

そう言って私は体を離し、桜木君の股間に顔を埋《うず》めました。愛液でヌルヌルになってるペニスを咥えると、思いきり根元をしごきました。口の中に熱い液体が何度も何度も噴き出してくるのを感じながら、私も達してしまいました。

終わったあとは、ちょっと恥ずかしかったです。でも、それまで以上に桜木君との距離が縮まったたみたいで、なんだかうれしい気分でした。

桜木君も、さっきまでと違って、いつもの人のいい桜木君に戻っていました。

桜木君は、それからもずっと働いています。前にも増してがんばっています。おばあさんたちの下ネタをじょうずにあしらいながら、お店の売り上げに貢献してくれています。そしてお店が終わったあとは、ときどき店内でセックスを楽しんでいます。

お店にとっても私にとっても、もう桜木君はなくてはならない存在なのです。

娘の入学式で出会った美人ママさん互いの悩みを相談し禁断の関係に……

中島裕也　プログラマー・三十五歳

娘の小学校の入学式に、父親の私が出席しました。

むろん、両親そろわないといけないわけではないのですが、会社で責任の重い仕事をしている妻が「パパ、ちょっとお願いね」と軽く頼んでくる姿勢に、納得できないものを感じたものでした。

緊張の入学式が終わり、それぞれのクラス担任の挨拶があり、各クラスで担任の先生の簡単なガイダンスがありました。

授業参観のように、保護者はクラスの後ろで並んで先生の話を聞いていました。

「最初の日は緊張しますね。うちの子どもも、ふだんはあんなにおとなしくないのに」

私の隣にいた若いママさんとふと目が合ったとき、微笑みながらそっと言ってきました。体育館での入学式にも私たちの隣にいた親子で、そこもママさんと息子さんだけのようでした。

クラスの児童の保護者と知己《ちき》になっていて損はありません。

噛んで含むような先生のガイダンスを邪魔しないよう、私も小さな声で「お子さんはどの子ですか？」などと話をつなぎました。

フォーマルな黒いビジネススーツを着たスレンダーなママさんですが、歳は私よりも少し若いぐらいでした。

「ママさんは、ごいっしょじゃないんですか？」

デリケートな質問を、相手が振ってくれたので助かりました。

「仕事で来られないというんですよ。娘の大切な日なのに」

「うちもなんです。今朝から九州へ出張なんですって。ひどい人」

そのママさんも含むところがあったようです。目が合うと私たちは、知り合った直後の節度を壊さない程度に、控えめに笑い合いました。

ガイダンスは終わり、それぞれ保護者に連れられて下校しました。

「あの、同じクラスだし、子どもたちも自己紹介しておきませんか？」

ママさんが男の子の両肩を持ちながら近づいてきました。

まだ幼稚園を卒園して間もない子どもたちは、言われるまま、「こんにちはー」とぎこちない挨拶を交わしました。

「おうちはどちらの方角ですか？」

聞いてみると家も近かったので、うちの子がその子を誘って登校するという段取りがその場で決まりました。

「あの、ぶしつけですが、お時間があれば、四人でちょっとお茶でもしませんか？」

そのママさん、西野《にしの》さんがおずおずと聞いてきました。私はすぐに応じました。知り合って二時間ほどなので、他意などあるはずもありません。子どもだけでなく、親も不安なのです。

私たちは近所のコーヒーショップに行きました。

子どもたちにはパフェなどを食べさせ、私たちは情報の交換をしました。

学校の評価や近隣の児童に関する事件簿、担任の先生の印象、習い事の予定や学習塾の評判などです。

当然の流れとして、私たちはアドレスを交換しました。

「ママ、なんだか楽しそう」

息子君が母親を見上げて言いました。私たちはなんとなくバツの悪い笑みを交わしました。

その後は、それぞれの配偶者の教育への理解のなさを、子どもたちに聞こえにくいように愚痴り合いました。

その後、二週間に一度ぐらいの頻度で、私と西野さんは情報を交換しました。うまい具合に子どもたちも仲がよく、それぞれの家に遊びにいくこともありました。ともに理解のない配偶者を持つという、私たちは同志のような信頼関係ができていました。

新緑の時期に、一年生だけの一泊の遠足がありました。

いつものように私たちは情報を交換しましたが、西野さんがこんなことをメールで伝えてきたのです。

『うちの人、また明日から出張なんです。相談どころか話にもならないですよ』

同じ痛みを分かち合おうと、私は似た境遇を報告しました。

『うちの凄腕営業マンの妻（笑）も、明日から管理者の研修旅行だそうです』

心のどこかにひそんでいた下心が、表に出てきたのがこのときでした。

『明日の夜はぼくたち、シングルペアレントですね』

薄氷を踏む思いで、そんな文面を打ちました。

すると、西野さんはこんな返事をしてきたのです。

『さびしくて不安な親同士、どちらかの家で親睦《しんぼく》を深めませんか？（笑）』

まるで中学生のときのように胸が高鳴ったのを覚えています。スマホの画面を見ているだけなのに、年がいもなく心臓がドキドキしていました。

『一晩じゅう、二人で愚痴をこぼし合う。有意義な時間になりそうですね（笑）。私が西野さんのお宅にお邪魔しても構いませんでしょうか？』

性的なニュアンスは込めず、話を進める文面を打ちました。

『では、夜の九時にいらしていただけますか。たいしたおもてなしはできませんが』

西野さんの返信も危ない方向のものではなく、むしろ事務的とも思えるものでした。

さらに、私がメールを打っているときに西野さんはつけ加えてきました。

『家の中を見て驚かないでくださいね。男の子なんて凶暴な室内犬みたいなものですから（笑）。私はお風呂に入って身ぎれいにしておきますのでご心配なく（笑）』

お風呂に入って身ぎれいにというのは、単純に女性としてのたしなみだったのかもしれません。しかしそのときの私には、遠回しなお誘いとしか思えませんでした。

その夜の八時五十分、私はコンビニで軽くお酒などを買い、西野さん宅に向かいました。ときどき子どもと行く程度のコンビニでしたが、何かいつもとちがう店に入っているような錯覚を覚えたものでした。

インターフォンを押すと、『はーい』と、意外にも緊張感のない応答がありました。

「おかえりなさい。どうぞ入って」

亭主でない男性を迎え入れるのを隠したかったのでしょう、西野さんは小さくそう言うと、そそくさと私を玄関の中に入れてくれました。

おかえりなさいという言葉がとてもうれしく、ちょっとニヤニヤしてしまいました。

「お風呂上がりと聞いたので、パジャマ姿で出てこられたらどうしようかと思いましたよ」

西野さんはバツが悪そうに顔を赤らめ、小さく笑いました。

室内着なのか、西野さんはオレンジ色の軽そうなワンピース姿でした。

初めてのお宅訪問は緊張するものです。こんな時間での異性の既婚者への訪宅ならなおさらでしょう。

「きれいなお家じゃないですか。もっと散らかってるような文章でしたが」

「主人と子どもの部屋にいろいろと押し込んだの。どこも開かずの扉よ。恥ずかしいから勝手に開けないでくださいね」

私の緊張を和らげるために、子どもと亭主の影を消したのだと察しました。

今度、西野さんを自宅に呼ぶときは自分もそうしようと思いました。

お風呂上がりの西野さんからは、いつも外で会うときに鼻をくすぐる、さわやかな芳香がただよっていました。

テーブルに着くと、それぞれが簡単な茶菓とお酒を出し、控えめに楽しみました。

「うちの娘、西野さんがお母さんみたいね、なんて言うんですよ。PTAの連絡なんかで、西野さんとばかり相談してるから。ヒヤヒヤものです」

「あら、うちの息子もですわ。学校のことを話してると、『これも中島《なかじま》さんに言うの？』なんて言うんです。主人がいないときでよかったですわ。七歳の子どもにどうやって口止めしたらいいのか悩んでますの」

小さく笑い合いましたが、少し緊張が走りました。〝口止め〟が必要なことをしているのだということを、そこはかとなく同時に感じたからでしょう。

「せっかくの機会なので、ちょっとぶしつけなことを聞いてもいいですか？」

「なんでしょう？」

さりげない口調でしたが、さらに西野さんに緊張が走ったのがわかりました。

「その……ご主人が協力してくれないのは、子どもの教育のことだけですか？」

「……といいますと？」

あくまで私の口から言わせるのだと思いましたが、もう西野さんの美しい赤い顔には、妖しい期待が浮かんでいるような気がしました。

「立ち入ったことですが、生活のあらゆる面で、心が通じ合ってるのかなと思って……」

デリケートな内容に踏み込みたいのですが、さすがに私も歯切れが悪くなっていました。しかし、ここで西野さんが助け舟を出してくれました。

「仮面夫婦とまではいかないけど、いろいろと嚙み合わないわ。昼も夜もね……」

夜もね、を低い声で強調したのを聞き逃しませんでした。

「うちも同じです。露骨な話でアレですが、もう半年間も妻と……」

「うふふ、私なんて一年以上よ。バカにしてるわ」

気づかれないように、深く息を吸い込みました。そして薄氷を踏む思いで、テーブルの上の西野さんの手のひらに、自分の手を重ねました。

「ぼくたち、もっと助け合いませんか？　保護者同士としてだけじゃなく、男女として……」

西野さんは視線を斜め下に落としたまま、返事をしませんでした。激しく動揺しているのがわかりましたが、重ねた手を拒《こば》むこともしませんでした。

「こんな想像をしたことがあるの……子どもみたいな、おバカな想像」

視線をそらしたまま、西野さんはそんなことを言いました。

「なんですか？」と聞くと、そのままの体勢で西野さんは答えました。

「ただの想像ですから聞き流してくださいね……私と中島さんが再婚して、子どもたちが同い年の兄妹になっていっしょに暮らす……」

最後は消え入るような小声になっていました。そうして西野さんは私を見つめ、悲しそうに小さく笑うと、立ち上がりました。

「聞き流してくださいました？」

私もゆっくり立ち上がりました。西野さんのつぶやきは、本音であると同時に、私が本気になってしまうのを牽制する意味もあったのかもしれないと邪推しました。

「聞き流しました。配偶者の援軍のいない保護者同士、これからも深く協力し合いましょう」

「そう、深くね……」

私たちは抱き合いました。妻以外の女性を抱くのは、むろん結婚以来初めてです。

「ああ、主人以外とこんなことしたの、初めて……心臓が破裂しちゃいそう」

西野さんも同じ気持ちだったらしく、私の心を読んだようにそう言いました。

顔を上げた西野さんと目が合い、唇を重ねました。

身長や体型、肉のつき具合、着衣の上からの抱き心地など、すべてが妻とちがっていました。体の全触感が、不義をしていることを心に訴えてきました。

「西野さん、もっともっと、親睦を深め合いたい……」

舌を絡め合う激しいキスをしながら、私はモゴモゴと言いました。ペニスは完全に勃起しており、学生のときのように、痛みを覚えるほど充血していました。

「こちらへ、いらして……」

抱擁《ほうよう》を解くと、西野さんは私の手を取り、ゆっくり歩きだしました。

導かれたのは、オレンジ色の豆電球だけの暗い六畳の和室でした。真ん中に、まるで昭和の連れ込み旅館のように、布団が敷いてありました。

「どちらかの両親が、たまに来るときの部屋です。主人との寝室はちょっと……」

聞いてもいない不十分な説明を、何か言いわけするような口調で言いました。

私はワンピースの両肩に手をかけ、下に落としました。儚《はかな》い音でしたが、狭い部屋で妙になまなましく響きました。

ブラジャーを着けていなかったので、いきなりパンティ一枚だけになりました。

はやる心を抑え、私も上下の着衣を脱ぎました。

「初めて訪れる家で裸になるのは、抵抗がありますね……」

「いまだけは、私たち、子ども二人を抱えた夫婦なのよ。気にすることはないわ」

暗がりの中で、西野さんはクスリと笑ったようでした。

お互い、パンティとトランクス一枚の姿で抱き合い、そのまま布団に倒れ込みました。とたんに私たちは、互いの背中を激しくまさぐり合いました。

「ああ、中島さん、いつかこんなふうになると思ってたわ……」

「ぼくもです。何度西野さんとこうなってることを想像したか」

舌を絡めるキスは、双方思いあまって頬まで舐め合っていました。

私は、初めて見る西野さんの乳房を乱暴になで回し、西野さんも美しい顔をゆがめつつ、水を求める夏の仔犬のように、私の乳首を舐めてきました。

「ああ、西野さん、好きです……これが、許されない関係だなんて」

「あん、あはん……でも、子どもたちは理解してくれそう……」

抱き合う体はコロコロと上下が入れ替わり、しばしば二人とも布団からはみ出すほどでした。

パンティの上からお尻をなでると、私はそのまま片手でパンティをおろしました。

横寝の姿勢で抱き合いながら、西野さんはもぞもぞと片膝を上げ、パンティを脱ぎ去りました。私も一瞬で自分のトランクスを脱ぎました。

あおむけの西野さんにまっすぐおおいかぶさり、私たちは見つめ合いました。

「西野さん、いきます……」

「うふ、翔太《しょうた》と瑞樹《みずき》ちゃんの弟か妹ができるかもね」

挿入の直前に、西野さんはうっとりとした表情で言いました。そうだね、などと答えましたが、さすがにちょっと怖くなったのを覚えています。

「西野さん、下の名前で呼んでもいいですか？」

「かまいません。私もいいわよね？」

久しぶりにスチールのように硬くなったペニスの先を、西野さんの膣にあてがい、力を込めていきました。いくぶん余裕を取り戻していた西野さんは、とたんに顎を出し、眉根を寄せました。

「ああ、奈緒《なお》、愛してるよ……ぼくの、な・お」

初めて呼ぶ西野さんの名前をわざと強調しながら、私は不義の性交を始めました。

「私もよ、裕也《ゆうや》さん……ああ、裕也さんを知らなかった二カ月前までが、信じられないぐらい……」

妻ではない女性に挿入しているのが、ペニスの感覚からもわかりました。

「奈緒のココ、すごくいい……旦那さん、これを遊ばせておくなんて……」

「裕也さんのも、硬くてすごいわ……私たち、相性ピッタリなのよ」

ペニスの感覚を信じるなら、西野さんの膣は、深さはそれほどでもありませんでしたが、妻よりも狭く、凹凸に富んでいました。

完全に挿入を終えると、ペニスの先が西野さんのやわらかな子宮口を突きました。妻では感じたことのない感触でした。

「ああ、ダメ……裕也さん、あなたのこと、本気で愛してしまいそう」

自分から牽制したのに、自分のほうが本気になってしまいそう、という意味でしょう。私は、自分も余裕などないのにあわてず、慰《なぐさ》めるような笑みを向けました。

「ぼくだってそうですよ。もう妻とは、心も体もつながってないんだ……二人だけの時間を慎重につくりましょう。その間だけ、本気になるんです」

不倫カップル特有の身勝手なロジックなのかもしれません。それでも西野さんは、少し安心したように微笑みました。

ゆっくりピストン運動を始めると、西野さんの顔から笑みが消え、また顎を出しました。しかし口元にだけときおり、幸せそうな笑みが浮かびました。

私は抱き締めてピストンをしながら、ゆっくりと二人の体を上下入れ替えようとしました。

「今度は、西野さんが上になってください」

下の名前で呼ぶのはスリリングでしたが、苗字でていねい語のままのほうが背徳感は強いとも思いました。

女性の体など軽いので、私が指示を出している間に、私のわずかな力だけで二人の上下はクルリと入れ替わり、西野さんが上になりました。

「……私、こんなこと、初めて……」

私の上で顔を前後に揺らしながら、西野さんは新しい遊びを覚えた子どものような笑みを浮かべました。

「こんなこと、奥さんともしてるの？」

「いま、ぼくの妻はお前だよ、奈緒」

お前呼ばわりで馴れなれしい口調でしたが、使いどころはまちがっていなかったようでした。西野さんはうれしそうにうっとりと笑ったのです。

私は下から西野さんの腰をとり、上下に揺らしました。

「あん、恥ずかしいわ。自分から動くなんて……」

「自分で積極的に動いていい気持ちになってください。ぼくは下から見てますよ」

「恥ずかしい……」

ご亭主とのセックスでは、どこまでも受動的だったのかもしれません。

「ああ、そんな顔で下から見ないで……」

「すごくいい顔をしてるよ、奈緒……夢に出てきそうだ」

西野さんのピストンに合わせ、私も腰を突き上げてシンクロさせていました。

「あああっ……感じちゃう！　中島さんっ……裕也さんっ！」

声を割らせながら、西野さんが高い声を出しました。そうして、ふっと笑みを浮かべました。

「んふっ、旦那とはセックスしないから、まちがえて裕也さんの名前が出ちゃう心配する必要もないわ」

自虐のようでもあり、どこか優越感もこもった声でした。

「奈緒、次は後ろから、してみたい」

下から西野さんを抱くと、そのまま優しい動きでうつぶせにしました。

「さあ、お尻をツーンと立てて」

「ああ、裕也さんに……中島さんに、そんなところまで見られるなんて」

消極的にお尻を上げてきた西野さんの腰に手をやり、完全にへの字になるまでお尻を突き出させました。薄暗い照明の下で、西野さんの肛門がぼんやりと黒っぽくたたずんでいました。

「入学式に西野さんを見たときに想像したとおりだ。きれいな肛門ですよ」

「まあ、どんな想像をしてらしたの……」

失笑まで恥ずかしそうな声音でした。

お尻の後ろで、膝立ちで踏ん張りました。久しぶりに垂直に立っているペニスの根元を持ち、先を西野さんの性器にふれさせました。

「ああ、いらして、裕也さん……」

わかりやすい「すべてを受け入れる」女性の声でした。

「奈緒さんのアソコ、すごく締めつけて……気持ちいい」

挿入しつつ、歯を食いしばりながら、そんな声が出ました。

「私も……裕也さんと私、ホントに相性ピッタリなのね……」

とろけるような口調に、短い喘ぎが混ざるようになっていました。

「あんっ、ああっ……ゆっ、裕也さん、いまだから、言うんだけどっ……あはんっ」

喘ぎながら、西野さんはそんなことを言ってきました。

「入学式で中島さんを初めて見たとき、悔しかったの……あんっ」

「悔しかった？」

ピストンで高まりつつ、疑問が口を突いて出ました。

「このすてきなパパさんも、夜は奥さんと激しいセックスしてるんだろう、って思って……でも、そうじゃないとわかって、チャンスがあるかもって思ったの……」

私が振った、肛門の話に触発されたのでしょうか、西野さんはそんなことをカミングアウトしてきました。

「……ごめんなさいね。でも、裕也さんとは、年内には何かあるかと思ってたの」

「それは、ぼくもです。思ったより早かった……」

激しいセックスをしながら、パートナーとこんなに会話をしたのは初めてです。むろん、妻とはありません。不倫初心者として、お互いの気持ちを確認したい気持ちがあったのでしょう。

「西野さんっ……奈緒っ……気持ちいいっ！　出そうだっ」

「ああっ、いらしてっ！　たくさん出してっ、私の、裕也さんっ！」

それぞれピストンで声を揺らしつつ、射精が近いのを予感しました。

「んああっ！　奈緒っ……出るっ！」

西野さんは感極まった黄色い声をあげ、射精を受けてくれました。

吐精を終え、布団にへたり込むと、とたんに西野さんは激しく抱きついてきました。

暑い季節でもないのに、全身が熱く、華奢《きゃしゃ》な体は汗だくになっていました。

「んふふ、後ろに回られたとき、お尻に入れられたらどうしようかと思ったわ」

「経験があるんですか？」

「ないわ」

見つめ合って沈黙が訪れたとき、同時に同じ考えに至ったと気づきました。

「ぼくもないです。どうでしょう、今度……」

「ええ、パートナーとはできないことを……」

夏休みに入るころ、それぞれの子どもが、それぞれの配偶者の実家に泊まりにいくプランを持ちかけました。私の妻もそうでしたが、西野さんのダンナもしぶしぶ受け入れたようです。

それが、今夜なのです。久しぶりの西野さんとのセックス。それも、初めてのアナルセックスに挑戦できることに、もう一週間前から子どもじみたワクワクが止まらない私です。

妊娠中に夫を知人に寝取られた私は相手の旦那を誘惑し淫らな復讐を企て

野島美香子　主婦・三十四歳

私は結婚五年目の主婦です。夫は私よりも二つ年上で会社員をしています。これまで子どもを授かることができませんでしたが、半年前、病院の検査でようやく妊娠していると告げられました。両親はもちろん、友人たちからもたくさんのお祝いの言葉をもらい、とても幸せな気分でした。

ところが妊娠がわかった直後から、夫の様子がおかしくなったのです。お腹がふくらんでたいへんな時期だというのに、なぜか私によそよそしく帰りも遅くなりました。まるで私とあまり顔を合わせたくない、そう言っているかのようです。私は女の勘でピンときました。夫は浮気をしているに違いないと。

奥さんが妊娠中に旦那さんが浮気をするなんて、そう珍しい話でもありません。実は思い当たる出来事が、私にもあったのです。

妊娠してからしばらくして、ご近所の香織《かおり》さんという奥さまから電話がかかってきました。

彼女とは同い年ですが、顔を合わせても軽く挨拶する程度で、親しいつきあいはありません。

というのも、美人なのにツンとした態度で、まったく人当たりがよくないのです。私の周りでも、彼女のあまりいい噂は聞きませんでした。

それなのに突然、明るい声で彼女が電話をかけてきたので驚きました。

「あなたが妊娠したって聞いて、一言お祝いを言っておきたくて。がんばって元気な赤ちゃんを産んでね」

そのときの私は、彼女からの言葉に素直に感激していました。ほんとうは優しくていい人だったんだなぁと、これまでの誤解を反省するほどでした。

しかし、すぐに違和感を覚えるようになったのです。

いったい誰から私の妊娠を聞いて、なぜわざわざ電話までしてきたのか。考えてみれば、私の電話番号だって知らないはずです。

もしかして、夫の浮気相手は彼女ではないのか……そう思っていると、いやな予感は的中しました。ついに浮気の証拠を見つけてしまったのです。

念のためにこっそり確かめてみた夫のスマホに、彼女との親しげなＳＮＳの会話が残っていました。

『妊娠した奥さんなんて抱く気しないでしょ？』

『私だったら、いつでも好きなだけエッチさせてあげるよ』

これらを見て、私は強いショックを受けました。私への悪口だけでなく、彼女から積極的に夫を誘惑していたのです。

思えば彼女には子どもがおらず、これまでは私と同じ境遇でした。それなのに私が先に妊娠したので、あてつけで夫に手を出したのでしょう。

しかもそれを匂わせるために、わざわざ電話をしてきたとなれば、とても許される行為ではありません。

怒りと悔しさで離婚も考えましたが、お腹には子どもがいます。産まれてくる子どものためにも我慢をするしかないと、自分に言い聞かせました。

そのかわりに、私はあることを考えました。

夫を寝取られたのなら、私も寝取り返してやればいいのです。もちろん相手は、彼女の旦那さんです。

面識もなく名前さえ知りませんが、どうでもいいことでした。そうでもしなければ、浮気をした夫への仕返しと彼女への復讐にならず、とても気がすまないのです。

決意をした私は、後日、彼女の家を訪ねました。

日曜日の午前中は彼女の車がなく、旦那さんの車だけが家にあることもわかっています。そこまで念入りに彼女のことは調べていました。

インターフォンを押すと、やはり旦那さんが出てきました。

「突然お邪魔して申しわけありません。実は、奥さんのことでお話があるのですが……」

私がそう切り出すと、何かを感じ取ったのか、旦那さんはすぐに私を家に上げてくれました。

とても礼儀正しく、見た目もまじめそうな男性です。こんな人が彼女の旦那さんだなんて、ちょっと信じられませんでした。

応接間に通された私は、さっそく浮気の証拠となるSNSの撮影画像を、彼に突きつけました。

「ごらんのとおり、私の夫とあなたの奥さんは浮気をしています。それも、香織さんのほうから夫を誘惑して関係に持ち込んだみたいなんです」

するとと彼は、私の言葉を疑いもせずに、「申しわけありません」と深々と頭を下げてきたのです。

少しでも奥さんを信じているなら、こんなものでたらめだと食い下がってきてもいいはずです。それなのにあっさり認めたのは、やはり思い当たるふしがあったからのようです。

彼の話を詳しく聞いてみると、どうやら過去に何度も奥さんの浮気には悩まされてきたようでした。

理由は、結婚して十年になるのに子どもができないこと。妊娠しないのは自分が原因ではなく彼のせいだと決めつけ、物を投げて当たり散らすことも珍しくはないのだとか。

それだけでは収まらず、鬱憤晴らしのためにいろんな相手と浮気を繰り返し、その都度トラブルになってきたというのです。

話を聞いているうちに、私は旦那さんに同情したい気持ちが沸いてきました。彼も奥さんに振り回されている、被害者の一人だったのです。

しかしその程度では、私の怒りは収まりませんでした。

「率直に言います。あなたの奥さんにも私と同じ気持ちを味わってもらうために、私と寝てほしいんです」

私の言葉に、彼は目を丸くしていました。

そもそも私が家を訪ねてきたのは、慰謝料でも請求するためだと思っていたのでしょう。それなのにセックスを迫られたのだから、驚くのも無理はありません。

「ちょっと待ってください。だってあなた、妊娠しているじゃないですか」

「いいんです、そんなこと。こうでもしないと、私の気がすまないんですから」

本気だと示すために、私は目の前で服を脱いでみせました。

すでに妊娠五カ月を過ぎており、かなり体つきも変化しています。ぽっこりとふくらんだお腹と、張ってふくらんだ胸を見せつけました。

そこまでして、ようやく彼も私の本気さに気づいたようでした。

ただ、彼もすぐにその気になったわけではありません。全裸の私を見ても、なかなか手を出せずにとまどっていました。

「どうしたんですか？　遠慮せずに抱いてもいいんですよ」

「いや……参ったなぁ。私は浮気なんてしたことがないので」

どうやら見た目どおりに、かなりまじめなタイプの人のようです。それに妊娠した女性を抱くことにも、ためらいがあるようでした。

それならばと、私がリードして彼を欲情させようと、まずは私の体をさわらせてみることにしました。

妊娠前よりもふくらんだ胸はGカップもあります。おっぱいの張りも強く、常に乳首が勃起している状態でした。

彼の手を胸に引っぱってくると、おそるおそるもみはじめました。

「どうですか？　奥さんの胸と比べて」

「ええ、まぁ……」

私の問いかけに、彼は困ったように言葉を濁しつつも、手を離そうとはしませんでした。

胸のサイズは、彼女よりも私のほうが大きいのです。それを自由にさわらせてあげたら、たいていの男の人は悪い気はしないはずです。

しかも彼の目は、まっすぐに私の乳首ばかりを見ていました。

「どうぞ、舐めてみてもいいんですよ」

そうしたいのではと思って、私は彼に言ってあげました。

しばらく彼も迷っていましたが、やがて乳首に口をつけてきました。まるで赤ん坊が母乳を吸うように、チュッチュッと吸い上げてきたのです。

遠慮がちでソフトな愛撫ですが、私には久々に感じる甘い刺激でした。

というのも、夫とのセックスは、もう何カ月もありません。私が妊娠したことと、夫の浮気に気づいたこともあって、互いに手を出しづらくなっていたのです。実は、彼の家に押しかけてまでセックスを迫ったのは、私の欲求不満を解消するためでもありました。

意外に思われるかもしれませんが、妊婦でも性欲はあるのです。特に私は、安定期に入ってから、妊娠前よりも性欲が強くなってきました。

「ああ……」

次第に乳首から快感が広がり、私は喘ぎ声を出してしまいました。

それを聞いて、彼も興奮してきたのでしょう。吸う力が強くなり、乳首を舌でもてあそびはじめました。

最初こそ物足りなさを感じましたが、彼の愛撫は夫よりもていねいでねちっこいのです。乳首に舌を絡みつかせてくるのが、とても心地よくなってきました。

「ああっ、あんっ……気持ちいい」

私が喘いでいると、胸を愛撫している彼がじっと私の顔を見上げているのです。

もしかして、私にキスをしたいのでは？

そう感じた私は、もうためらいませんでした。彼の頭を抱き寄せて、強引に唇を奪ってしまいました。

やはり彼もそうしたかったのでしょう。唇を重ねて舌を入れると、すぐに舌でこたえてくれました。

「ンン……」

これまで何度もキスは経験してきましたが、あんなに激しく舌を絡め合ったことはありません。よだれが口から溢れてもお構いなしに、私たちはずっとディープキスを続けました。

しばらくして、ようやく彼が口を離してくれたときには、私はすっかりとろけきっていました。

「あっ、すみません。つい夢中になって……」

そう彼に謝られましたが、私はもっと続けたかったのです。その証拠に、キスをされている間に、あそこはどんどん濡れてきていました。

「奥さんは、いつごろ帰ってくるんですか？」

「日曜日はフィットネスクラブの日なので、お昼過ぎかと……」

「じゃあ、だいぶ時間がありますね」

邪魔が入らないのであれば、安心してセックスを楽しむことができます。

それでも用心のために、私たちは応接間からベッドのある彼の部屋へ移動しました。すでに全裸だった私と違い、彼はまだシャツも脱いでいなかったので、私と同じように裸になってもらいました。

ごく普通の中肉中背ですが、意外にもペニスの大きさは人並み以上あります。

私はそれを見て、思わず生唾を飲み込んでしまいました。夫とのセックスに物足りなさも感じていた私にとっては、理想的なサイズだったからです。

さっそくさわらせてもらうと、私の手の動きに合わせてペニスがピクピクと反応しています。

「すごく元気なんですね。こんなに立派だと、奥さんも悦ぶんじゃないんですか？」

「いや、どうもうちの妻は不満らしくて……セックスをしても、あまり満足してくれないんです」

彼の言葉に私は驚いてしまいました。どの奥さんも、自分の夫には厳しい目を向けてしまうものなのでしょうか。

もっとも、彼だって浮気ばかりする奥さんとは、充実したセックスなんてできないでしょう。きっと相当に我慢もしているはずです。

それならばと私は、彼にも気持ちのいいセックスを味わってもらおうと思いました。

でないと、私だけが満足するばかりではかわいそうですから。

「じゃあ、私がたっぷりサービスしてあげますから。しばらくそのままじっとしておいてくださいね」

そう言うと、私は彼の股間に顔を埋めてペニスを咥えてみせました。

口に含んだとたんに、彼は「ううっ」と小さな声を出しました。

私は彼の腰に手を回して、さらに深く呑み込んでみせます。根元近くまで咥えると、もう口の中は大きなものでいっぱいです。

それからはじっくりと時間をかけて、ペニスをいやらしく舐めてみせました。夫とのセックスではいつもやっていたことなので、いろんな場所に舌を絡みつかせることもお手のものです。

「どうですか、気持ちいいですか?」

「はい……」

彼の声を聞く限り、私のおしゃぶりはかなり効《き》いているようです。

でも、まだこんなものじゃありません。舌の動きだけでなく、口を上下に揺らしてペニスを強く吸い込んであげました。

だんだんと私がペースを上げていくと、彼までもじもじと腰を揺らしはじめました。

どうやら我慢できなくなっているようです。

「ああ、もうダメです……」

その声と同時に、私もおしゃぶりを中断しました。

もう少し咥えてあげていてもよかったのですが、さすがにこれで終わらせるわけにはいきません。ちゃんとセックスするまで我慢してもらわないと。

「そろそろ、入れてみますか？」

私がそう聞くと、彼は「はい。でも、その前に」と、私をベッドに寝かせて足を開かせました。

てっきり、そのままペニスを入れてくると思っていました。しかし彼は、足の間に顔を埋めると、あそこを舐めはじめたのです。

「あっ、はああっ！」

さっき胸を愛撫されたときよりも、ずっと大きな快感が襲ってきました。

妊娠中のあそこは、生理前のように疼きっぱなしでした。勝手に濡れてしまうので、一日に何度も下着をはき替えなければならないほどです。

そんな場所を激しく舐められたものだから、私は我慢できずに大きくのけぞってしまいました。

「動かないでください。ベッドから落ちたら危ないですから」

あまりの激しい身悶えに、彼が真剣に心配しているようでした。

私も気をつけようと思うのですが、どうしても快感には逆らえません。つい腰を浮かせたり、喘ぎながら体をよじったりして、じっとしていられないのです。

ようやく彼の顔が離れたときは、早く入れてほしくてたまらなくなっていました。

「お願い……もう我慢できないの」

今度は彼を逃がさないように、強引に体を引きつけておねだりをします。

彼も私のあせりっぷりを見て、じらすことはありませんでした。すぐに正常位の姿勢にして、あそこにペニスを押しつけてきました。

ほんとうは妊娠中でもコンドームをつけたほうが安全なのですが、ここにきて水を差したくはなかったので、あえて黙っていました。

「じゃあ、いきますよ」

彼がそう言うと、ペニスの先がググッとあそこの中にめり込んできます。

待ちに待った瞬間だけに、私の期待も大きくふくらんでいました。いったいどれほどの快感が襲ってくるか、想像しながら意識を集中させました。

じわじわとペニスが突き進んでくると、私は「ああっ！」と悲鳴をあげてしまいました。

やはり夫のものとは入ってくる感覚も、体に広がる快感もまるで違います。想像していた以上に、強い刺激があそこから伝わってきました。

彼は根元まで挿入してしまうと、しばらく動きを止めたまま、私の顔をのぞき込んでいました。

「だいじょうぶですか、痛くはないですか？」

「はい、平気です」

彼はつながったあとも、自分ではなく私の体を心配してくれました。大きなお腹に負担がかからないように、体重をかけずに私を抱いていました。

最初はゆっくりとしたペースで、彼は慎重に腰を動かしはじめました。

でも、それでは私のほうが物足りません。彼も私の体を気づかうばかりでは楽しめないでしょう。

「遠慮しないで、もっと激しくしてもいいんですよ」

私がそう言うと、彼も少しずつペースを上げてきました。

「あんっ、あっ、すごい、もっと……」

だんだん動きが激しくなってきたので、私もさらに気分が昂《たかぶ》ってきました。

痛みもありませんし、夫とのセックスとなんら変わりはありません。太いペニスで突かれてもまったく問題はなさそうでした。

そうなると、私も安心して快感に身をまかせることができました。

「ああ、たまらない。妊娠した女性が、こんなにいいなんて……」

彼も私を抱きながら、気持ちよさそうにつぶやいてきます。

そういえば、妊娠中のあそこは具合がいいと聞いたことがあります。彼も私の体でそれを実感しているのではないでしょうか。

すっかり彼が夢中になっているのを見て、私の頭にはあることが浮かんできました。

「私と香織さんと、どっちが抱いていて気持ちいいですか？」

「あなたのほうがずっといいですよ。あんなのとは比べものになりません」

思っていたとおりの答えに、私はほくそ笑みました。

もちろん、こんなときに自分の奥さんがいいなどと答える男性はいないでしょう。それでも私にとっては、夫を寝取った彼女に勝ったと思えるだけで十分だったのです。

あとは思う存分、セックスを楽しむだけです。すでに目的は達成していますし、しっかり最後まで彼を離さないつもりでした。

「ああっ！　気持ちいいっ……このまま、中に出してぇ！」

私がそう叫ぶと、彼はピタリと腰を止めて驚いた顔をしていました。

「いいんですか？　ほんとうに出しますよ」

「あなたの精子、いっぱい欲しいの。お腹の子に届くくらい、奥で出して……」

夫の前ではとても言えないような、あまりに大胆な言葉です。それぐらい私は淫らな気分に染まっていました。

彼はそんな私の願いを聞き入れてくれました。激しく腰を揺すりながら、最後にペニスを強く押し込んできました。

「ううっ！」

射精の瞬間は、彼も動きを止めて静かに息づいていました。

それを下から眺めながら、私も大きな満足を味わっていました。

これでようやく彼女への復讐も果たしたのです。これまで味わった怒りや屈辱も、スーッと消えてなくなりました。


それからしばらくして、夫は彼女との浮気を解消したようでした。

おそらくは彼女も、本気で夫と関係を続けるつもりはなかったのだと思います。飽きたらさっさと身を引いて、次の浮気相手を探すという手口なのでしょう。

もうすぐ出産を控え、ギクシャクしていた夫との仲も修復し、ひとまず家庭に落ち着きは戻ってきました。

しかし逆に、私が浮気の虫に取りつかれてしまったのかもしれません。

いまでも彼とのセックスが忘れられず、出産後に再び会いにいこうかと悩んでいるのです。

第三章▼許されざる淫交に嵌って苦悩する人々

幼稚園の上品なママ友を自宅に誘って汗ばんだ熟マンを責めるうちに……

作田修介　会社員・三十五歳

私は幼稚園児の娘がいる会社員で、妻も事務職の仕事をしている共働き夫婦です。私のほうが会社が遠くて朝早く出なければいけなかったために、以前は娘の幼稚園への送り迎えは、妻の担当でした。

だけど、去年から私が在宅勤務になり、一日中家にいるようになったために、幼稚園への送り迎えは、私の担当にされてしまったんです。

どのご家庭も、幼稚園へ子どもの送り迎えをするのは母親がほとんどのため、私のような男親が幼稚園に現れると、みんな不思議そうに見るんです。その視線は、会社をクビになったかわいそうな男、または奥さんに逃げられたかわいそうな旦那と思われているように感じてしまうのでした。

それで最初のうちは気まずくて、なかなか母親たちの輪の中に入っていけなかったのですが、何度も顔を合わすうちに、在宅勤務のことなども浸透してきて、徐々に打ち解けていくことができました。

そうなると、女性たちの中に男がポツンといるのは、なかなか楽しい状況なんです。彼女たちも、ふだんは母親同士や子どもたちとばかり顔を合わせていて、大人の男と話をする機会はそうないようで、いつも私の取り合いになるんです。まさにハーレム状態なんです。

こんなにモテたのは生まれて初めてです。遅れてきた、モテ期という感じでした。孝美《たかみ》さんも、そんな母親たちの中の一人でした。彼女は三十代前半ぐらいの上品な女性で、いつも電動アシスト自転車の後ろに息子さんを乗せて幼稚園への送り迎えをしていました。

スタイルがよくて、顔が小さくて、結婚前はアイドルグループにいたと言われたら信じてしまいそうなぐらいかわいいので、大勢の女性に囲まれながらも、私の意識はいつも孝美さんに向けられていました。

そんな孝美さんと、たまたま二人っきりになる機会があったんです。

その日はほかのみんなは用事があるらしく、子どもを幼稚園へ送り届けると、すぐに帰ってしまいました。それで、二人っきりで保育園の前で立ち話をしていたのですが、孝美さんはなかなか帰ろうとしません。

私が孝美さんともっといっしょにいたいと思っているのと同じように、孝美さんもそう思っているようなんです。そこで私は思いきって私の家に誘ってみたんです。

「この前話してた映画のDVDを買ったんです。うちでいっしょに見ませんか？」

すると孝美さんは「いいんですか？　あの映画、見たかったんです！」とうれしそうに言い、私の家までついてきたのでした。

そしてコーヒーを飲みながら、リビングのロングソファに並んで座って映画を観ていたのですが、画面にいきなり濃厚なベッドシーンが映し出されたんです。

恋愛映画だということはわかっていましたが、こんなに濃厚なベッドシーンがあるとは知りませんでした。

一般映画のベッドシーンですし、私もさすがにいい歳なので、一人で見てたらそれほどでもなかったかもしれませんが、ロングソファの横には孝美さんが座っているんです。

ということは、男女が裸で抱き合っている様子を孝美さんも目にしているはずです。

そう思うと私は猛烈に興奮し、股間がムズムズしはじめてしまうのでした。

チラッと横目で様子をうかがうと、孝美さんもソファの上で座り直したりして、なんだかモゾモゾしているんです。ひょっとしたら濡れてしまっているのかも……と思うと、もう私のペニスはズボンの中ではち切れそうになってしまうのでした。

狭い場所で勃起したために折れそうになって激痛が走り、私もソファの上でモゾモゾとしながら、ペニスの位置を調節しないといけなくなりました。

二人してモゾモゾしていると、リビングルームは一気に淫靡な雰囲気になってしまいました。

だけど、保護者同士が二人っきりでＤＶＤを見ているというのは、普通の状況ではありません。それは、もともとそういう気がなければありえない状況なのです。

いっしょに映画を見ませんか？　と誘ったのも、あわよくばという思いがあったからです。まさかそんなに都合よくいくとは思っなかったのですが、こうなったらとりあえずチャレンジしておかないと、あとで後悔することになってしまいそうでした。

そこで私は、視線は画面に向けたまま、手を伸ばして、そっと孝美さんの手を握りしめたんです。一瞬、孝美さんの肩がピクンと動くのがわかりました。

そのまま手を引っ込められたらあきらめようと思ったのですが、孝美さんの次の行動は私の予想外のものでした。なんと孝美さんは、私に寄りかかるように体を寄せて、肩に頭をあずけてきたんです。

孝美さんの髪の毛が私の頬をくすぐり、シャンプーのイイ匂いがするんです。もうこうなったら、自分を抑えることはできません。孝美さんの頭に顔を埋めるようにして息を吸い込むと、くすぐったそうに体をよじり、クスクス笑いながら孝美さんは私のほうに顔を向けました。

すぐ近くに孝美さんのかわいらしい顔があるんです。私は迷わず彼女の唇に自分の唇をそっと重ねました。

だけど反応はありません。孝美さんは大きな目で私の目をじっと見つめているんです。構わず私は強く唇を押しつけ、彼女の口の中に舌をねじ込みました。

すると孝美さんはようやく目を閉じて、今度は自分から舌を絡め返してきました。二枚の舌が絡み合い、ピチャピチャと唾液が音を立てました。孝美さんもかなり興奮しているのでしょう、私の頬をくすぐる鼻息が徐々に荒くなってきました。

ひとしきり激しいキスをすると、私たちは唇を離して、またすぐ近くから見つめ合いました。

「孝美さん、すごいですね。大人のキスって感じですよ」

「はあぁぁん……こんなすごいキスは初めてです」

そう言う孝美さんは、頬をほんのりと桜色にほてらせていて、すごく色っぽい顔をしているんです。その顔を間近で見ながら、私はゾクゾクするぐらい興奮してしまいました。

「孝美さん、好きです……前から、孝美さんのことが好きだったんです」

私はそんなことを言いながら、また孝美さんにキスをして、今度はその体に手を這わせました。ブラウスの上から乳房の大きさを確認するようにモミモミすると、孝美さんは切なげに声を洩らしました。

「あぁん、んんぐぐ……」

孝美さんの喘ぎ声は途中からくぐもったうめき声に変わりました。私の舌が口の中にもぐり込んだからです。

ディープキスをしながら乳房をもみしだいていると、強くもみすぎたせいか、ひとりでにボタンがはずれ、ブラジャーからこぼれ出そうになっている白いふくらみが露になりました。その胸の谷間から、濃厚な雌の匂いがただよってくるんです。そして、それは男の欲情を強く刺激するんです。

「孝美さん!」

私は孝美さんの胸に、勢いよく顔を埋めました。すると孝美さんは、ロングソファに倒れ込みながら言いました。

「ダメです。今朝、自転車を漕いで汗をかいたんで、シャワーを浴びさせてください」

「いいじゃないですか。孝美さんの汗は全然汚くないですよ」

そう言って私は孝美さんのブラウスを脱がし、抱き締めるようにして背中に腕を回し、ブラジャーのホックをはずしました。形のいい乳房が剝き出しになりました。

「ああ、なんてきれいなオッパイなんだろう」

私は孝美さんの乳房をわしづかみにして、激しくもみしだきました。

「はあああぁぁん、そんなに強くもまれたら私、変な気分になってきちゃいます」

意外とMっ気があるのかもしれません。そこで私はさらに強く乳房をもみながら、乳首に食らいつきました。

「あああぁぁん、作田《さくだ》さん……んんん……気持ちいい……」

孝美さんは私の頭を抱き締めるように腕を回し、切なげな吐息を洩らしながら体をくねらせるんです。

感じているのが伝わってきます。私は孝美さんをもっと気持ちよくしてあげようと、左右の乳首を交互に吸い、舌で転がすように舐め、前歯で軽く嚙んであげました。

「あっ……そ、それ……気持ちいいです……あああん……」

「そんなに気持ちいいんですか？　それなら、もっと気持ちよくしてあげますね」

私は孝美さんの太ももをなで上げるようにしてスカートの奥に手をねじ込みました。

「ああん、ダメです」

とっさに孝美さんは私の手首をつかみました。それがどういう思いからの行動なのか、すぐに私は理解しました。彼女の下着が、もう小便を洩らしたようにぐっしょりと濡れてしまっていたんです。

「なんだか、すごいことになってますね」

下着の上から陰部に指を押しつけ、それを小刻みに動かすと、クチュクチュと音が洩れてくるんです。

「ああ、いや、恥ずかしい……」

そう言って恥じらう様子がたまらなくかわいらしくて、私はもっともっと孝美さんのオマ〇コを濡らしてやりたくなりました。

私は乳首を舐めながらパンティの中に手を突っ込みました。そこはもうトロトロにとろけていて、指を押しつけると簡単に第二関節あたりまですべり込んでしまいました。

「はあぁぁん、ダメぇ……」

濡れすぎてしまっていることが恥ずかしいのでしょう。孝美さんはそう言って股を閉じようとするのですが、私が指を抜き差ししはじめると、さわりやすいようにと、自分から徐々に股を大きく開いていくんです。

そうやって指で膣壁をこすってあげていると、恥ずかしさよりも快感のほうが強烈になってきたようで、孝美さんは体の力を抜き、だらしなくソファに横たわって私にすべてを委《ゆだ》ねるのでした。

そろそろ大丈夫かなと思い、私はソファから降りて床の上に座り込みました。

「どうしたんですか？」

乳首舐めと指マンをいきなりやめたために、孝美さんが物足りなさそうな様子でたずねました。

「いえ、そろそろ次のことを……と思いましてね」

私は孝美さんの足をつかんで自分のほうに引き寄せました。それまでロングソファに横たわっていたのが、浅く腰かける体勢に移行したのです。そして私は孝美さんのパンティをつかみ、両脚からするりと引き抜きました。

「あっ、ダメですっ」

私がなにをしようとしているのか気づいたらしく、孝美さんはあわてて両膝を閉じようとしましたが、それより一瞬早く、私は彼女の両足首をつかんで、グイッと押しつけました。

「ああーん」

切なげな声を出しながら、孝美さんは私に向かって股間を突き出す格好になりました。しかも、大事な場所はさっきまでの指マンで、ぐちょぐちょになっているんです。

「うう……すごくいやらしいですよ」

「ああーん、恥ずかしいです。見ないで……お願いです。見ないでください」

そんなことを言いながらも、孝美さんの両手は顔をおおっていて、陰部は剝き出しなんです。

それは私に見てほしい、そして、もっといろんなことをしてほしいという思いからなのでしょう。だから私は、じっくりと見させてもらいました。

「すごくきれいです。子どもを産んだことがあるなんて思えないですよ。びらびらは小さくて、色はピンクだし……それにこのオマ○コの穴は、すごく狭そうですね」

「あああん、いや……そんなこと言わないで。ああ……恥ずかしい……はああ」

孝美さんは見られて興奮するタイプのようです。私が顔を近づけてじっくりと観察していると、膣口がヒクヒクとうごめきながら愛液を溢れ出させ、それがお尻の穴のほうへと流れ落ちていくのでした。

「ああぁ、なんていやらしい眺めなんだろう。ぼくは毎朝、幼稚園の前で孝美さんと話をしながら、この人のオマ◯コはどんな形なんだろう？　どんな色なんだろう？って想像していたんです」

「いや……そんなことを考えてたなんて……ダメです。もう終わり。もうやめて」

恥ずかしがらせすぎたようで、孝美さんは股を閉じようとするんです。そこで私はすかさず割れ目の端で包皮を押しのけるようにして顔をのぞかせていたクリトリスをぺろりと舐めてあげました。

「あっひぃぃぃ！」

滑稽《こっけい》な声をあげて、孝美さんは体をビクンとふるわせました。そして、抵抗はもうそれまででした。ぐったりとまた私の前に股を開いてくれるんです。もちろんそれはさらなる愛撫の催促です。

私はもうじらしたりせずに、勃起したクリトリスに食らいつき、さっき乳首にしたのと同じようにチューチュー吸ってあげました。

「あっはあぁん！　いっ、いやぁ……あっふうんんん！」

クリトリスをしゃぶられるのは、乳首を舐められるのとは比べものにならないぐらい強烈な快感なのでしょう、孝美さんは奇妙な声を出しながら体を悩ましくくねらせつづけるんです。

それでも両脚は私が愛撫しやすいようにと大きく左右に開いたままです。だから私はクリトリスを舐め回しながら、ぬかるみの中に中指を挿入してあげたんです。

「あっ、んんんん……」

指がすべり込んだとたん、孝美さんは全身を堅くしました。と同時に、膣壁が私の指をきつく締めつけてくるんです。

「すごいですね。なんて締まりのいいオマ○コなんだろう。あとでぼくのペニスでも味わわせてくださいね。だけど、その前に指でもっと気持ちよくしてあげますね。さあ、もっと恥ずかしい場所を突き出してください」

「はあぁぁぁん！　作田さん……んんん……」

孝美さんは切なげな声を洩らしながら、自ら両膝を抱えて陰部を突き出してくれました。

我が家がそうであるのと同じように、孝美さんもおそらくご主人とはもうほとんどセックスする機会がないのでしょう。久しぶりのセックスに、熟れた女体がよろこびの悲鳴をあげているようです。

それならもっと気持ちよくしてあげたいと思い、ヒクヒクと誘うようにうごめく膣口に指をねじ込み、膣壁のヘソ側のザラザラした部分をこするように、抜き差ししてあげました。

「はっ、ひぃ！　ふっ、んん……あっ、はああん！」

孝美さんはM字開脚ポーズのまま、体をくねらせました。抱えた指が食い込み、太ももの裏が白くなるほどです。全身に力が込められているんです。それに連動するように、膣壁が私の指をきつく締めつけてきます。

指一本でもきついぐらいです。もしもこのヌルヌルした狭い肉穴にペニスを挿入したら、どんなに気持ちいいだろう。そんなことを考えただけで、私の股間は痛いほどに勃起していくのでした。

いますぐにでも挿入したい思いはありましたが、好物は最後に残しておくタイプなので、とりあえず指で、わけがわからなくなるぐらいイカせてあげることにしました。

「孝美さんのオマ○コが、大喜びで締めつけてきますよ。どうせだから、もう一本増やしてあげますね」

私は中指と人差し指を束ねて、その指先を膣口に押しつけました。指一本でもきついので、二本だと厳しいかと思いましたが、大量に溢れ出た愛液の威力はすごくて、ヌルヌルと簡単にすべり込んでしまうのでした。

「あぁぁぁん、ダメぇ……」

「ダメじゃないでしょ。指を二本も呑み込んでいるくせに。ほら、こうしたら、もっと気持ちよくなりますよ」

私は指先を曲げて、抜き差しを始めました。その動きに合わせて小陰唇がめくれ返ったり巻き込まれたりする様子は、ほんとうにいやらしいんです。そして、濃厚な愛液がどんどん溢れ出てきて、私の指はすぐに真っ白になってしまうのでした。

「孝美さん、すごいですよ！　これを見てください」

いったん指を引き抜き、それを孝美さんの顔のほうに突き出しました。

「あっ、いやっ！　恥ずかしいっ……」

孝美さんはとっさに顔をそむけてしまいました。それも無理はないでしょう。私の人差し指と中指は濃厚な愛液にまみれて、完全にくっついてしまっているんです。

「孝美さんがこんなにエロい人だったなんて……さあ、このままもっと気持ちよくしてあげますからね」

私はまた指二本を膣に挿入し、激しく抜き差ししました。ぐちゅぐちゅと愛液が鳴り、孝美さんの呼吸が徐々に荒くなっていきました。

「ああっ、ダメ、ダメ、ダメ……あああん、もう……もうイッちゃいそうです！」

「いいですよ。イッちゃってください。しっかり見ててあげますから。ほら、ほら、いっぱいいやらしく、イッちゃってくださいよ」

私はさらに激しく指を抜き差しし、左手の親指でクリトリスをグリグリとこね回してあげました。

愛液にまみれたクリトリスが親指から逃れるようにぬるんぬるんとすべり抜けるたびに、孝美さんの膣壁が収縮して私の二本の指を引きちぎらんばかりに締めつけます。

そして、その瞬間は、すぐにやってきました。

「あああん、ダメ！　あああああ！　イクイクイク、イッちゃう！　あっはあああん！」

ビクンと孝美さんの体がソファの上で跳ね、きつく締まった膣壁が私の指を押し出しました。

「孝美さん、イッちゃったんですか？」

「は……はい……あぁ……すごく気持ちよくて……はあぁぁ……」

孝美さんはソファに横たわったまま気怠《けだる》げにこちらに顔を向けました。その顔は風呂上がりのようにほてり、いつもきれいにセットしている髪が寝起きのように乱れていて、たまらなくエロいんです。

「今度は私が、作田さんを気持ちよくしてあげたいわ……」

孝美さんの視線が私の股間に向けられています。そこはズボンの上から見てもはっきりとわかるぐらい勃起しているんです。

「いいですよ。じゃあ、ぼくのが、いまどうなってるか、見せてあげますね」

私はその場に立ち上がり、服をすべて脱ぎ捨てました。

「はあぁ……す、すごいわ……」

孝美さんはため息のような声で言い、ふらりとソファの上に体を起こしました。そして、私の股間を食い入るように見つめているんです。

そこは、自分でも驚くぐらいに硬く大きくなっていました。そんなになったのは、ほんとうに久しぶりのことでした。

孝美さんは這うようにしてソファから降り、私の前に膝立ちになりました。そして、おそるおそるといった様子で、ペニスに手を伸ばしてきました。

「はあああぁ……すごく熱いわ。それに硬くて……ああはああぁ……」

そんなことを言いながら、孝美さんはペニスを愛おしそうにしごき、ゴクンと喉を鳴らして唾液を飲み込むんです。

「しゃぶりたいんでしょ？　いいですよ。いっぱいしゃぶって、ぼくを気持ちよくしてください」

「はあぁぁ……こんなに大きなの、お口に入るかしら」

孝美さんはペニスの先端を自分のほうに引き倒し、パンパンにふくらんだ亀頭を口に咥えました。孝美さんはかなりの小顔なのでほんとうに苦しそうなんです。だけどそのぶん、口の中の粘膜がヌルヌルと締めつけてきて、私にはたまらない快感でした。

「うう……気持ちいいです……さあ、もっとしゃぶってください」

私が催促すると、孝美さんは上目づかいに私を見上げながら、首を前後に動かしはじめました。かわいらしい顔と赤黒いペニスの対比がすごく卑猥で、実際にペニスに受ける快感以上のものが私に襲いかかってきました。

「はあう……孝美さん……すごく気持ちいいですよ。ああ、たまらないよ……」

私は両手を体の後ろに回して、孝美さんがしゃぶりやすいようにと股間を突き出しつづけました。

「うぐっ……ぐぐぐ……」

ときどきむせ返りそうになりながら、孝美さんは一所懸命ペニスをしゃぶるんです。テクニックはたいしてありませんが、それでも私を気持ちよくしてあげようという思いが伝わってくるフェラチオです。

そのことがうれしくて、同時に孝美さんにしゃぶられていると思うと、それだけでもう射精の予感が近づいていました。

このまま孝美さんの口の中に射精したい。そんな思いに襲われましたが、どうせなら最初の射精は孝美さんのオマ○コでしたいと思い止まりました。

「ああ、孝美さん……も……もうそれぐらいで……」

私が腰を引くと、ペニスが抜け出て、唾液が飛び散りました。

「どうして？」

「せっかくですから、続きはベッドでしましょう。孝美さんがしゃぶってカチカチにしてくれたこいつで、いっぱい気持ちよくしてあげますよ」

不満げに尋ねる孝美さんに言い、私はペニスをビクンビクンと動かしてみせました。

そして孝美さんをお姫様だっこで寝室まで運び、ベッドにおろしました。

「さあ、いっしょに気持ちよくなりましょうね」

孝美さんの両脚を左右に押し開き、その中心に私はペニスの先端を押しつけました。するとまるでイソギンチャクが獲物を補食するように、孝美さんのぬかるみが巨大なペニスを呑み込んでいきました。

「あああああん……入ってくるぅ……奥まで入ってくるわ……あああああん……」

「ううう……孝美さんのオマ○コ、すごく気持ちいいです。あううう……」

私は奥までペニスを挿入すると、今度はそれをギリギリまで引き抜いていき、また奥まで挿入し、引き抜き……と繰り返し、その動きを徐々に激しくしていきました。

「ああ、すごい……はああああん……あっ、はああん……」

孝美さんは下から私にしがみつき、苦しげな声を迸《ほとばし》らせます。

「うう……孝美さん……ああ、最高だ……ううう……」

私は孝美さんの首筋を舐め回しながら、ペニスを激しく抜き差ししつづけました。

二人の粘膜がこすれ合い、ぐちゅぐちゅといやらしい音が洩れ、部屋の中に淫靡な匂いが充満していきます。

ふだん、妻と寝ているベッドの上で、娘の同級生の母親と不倫セックスをしていると思うと、私は罪の意識と禁断の行為の快感で、もうわけがわからなくなるぐらい興奮していき、すぐに限界に達してしまいました。

「あううっ……孝美さん……もう……もうイキそうです。ううう……」

苦しげにうめきながらも、私は腰の動きをセーブすることもできずに、力いっぱい孝美さんの膣奥を突き上げつづけました。

「ああんっ……私も……私も、もうイキそうです！　あああああっ！」

孝美さんが体をのけぞらせ、膣壁がきつくペニスを締めつけます。

「孝美さん！　で、出る……もう出ちゃいます……あううう！」

「私も……はああんっ……イク……イクイクイクぅ！　あっ、はあああん！」

孝美さんが全身を硬直させ、膣壁がきつくペニスを締めつけました。そこから私がジュボッといやらしい音をさせてペニスを引き抜くのと、その先端から白濁した体液が噴き出すのは、ほぼ同時でした。

すべてが終わったあとに告白してくれた内容によると、実は孝美さんは、子どもが生まれてから、ご主人とは一度もセックスをしてなかったそうなんです。その溜まりに溜まった性欲を、私にぶつけたというわけです。

久しぶりのセックスで思いっきり乱れまくったあとは、憑《つ》き物が落ちたようにすがすがしい顔をしていました。そして私に言うんです。

「本気になったら困るから、これ一回だけにしておきましょ……」

もちろん私も、妻と娘との家庭を壊したくなかったので、孝美さんに同意しました。でも、また彼女の性欲がマックスまで高まったときは、お互いにどうなるかわかりません。そのときは今回よりも、もっと激しいセックスをしてしまうかもしれません。

実の娘のボーイフレンドに悪戯して迸る濃厚精汁を堪能するドスケベ主婦

田崎多恵子　専業主婦・四十五歳

ある田舎町で、夫と一人娘の三人で暮らしております。

これは、いまから二年前の初夏の話です。

娘の美玖《みく》には高校時代から交際している聡太《そうた》くんという男の子がいて、近所に住んでおり、子どものときから顔見知りの間柄です。

二人は高校卒業後、就職してからも交際を続けており、我が家にもよく顔を見せていました。

主人が出張で家を留守にし、羽を伸ばして友人と飲みにいったときのことです。

帰宅すると、聡太くんが我が家のリビングのソファに寝ていまして、美玖の姿はどこを探しても見当たりませんでした。

起こして理由を聞くと、娘は友だちから呼び出しを受けたらしく、一人で出かけてしまったとのこと。すぐに美玖に連絡すると、「今日は泊まっていくから、帰ってもらって」と、とんでもない答えが返ってきました。

甘やかして育ててしまったせいか、娘は子どものころからわがままで、気の弱い聡太くんはいつも従うケースが多く、もっと優しくしてあげたらと注意はしていたんです。

母親として謝罪し、ふさぎ込んでいる彼を元気づけるために、つい「飲もうか」と誘ってしまったのが最大の過ちでした。

飲んでいる最中に聡太くんは泣き出し、話を聞くと、何度か別れを切り出されているとのこと。その日も、別れる別れないの話をしていたそうなのですが、一人残して出かけてしまうなんて、彼がかわいそうになりました。

「ぼく、そんなに頼りなく見えますかね？　男らしくないって言われて……」

「そんなことないわ。もっと自分に自信を持って」

そう言いながら、私は酔いに任せて聡太くんを強く抱き締めました。

元気づけるつもりが、二十二歳の彼は性欲旺盛な時期で、すぐさま顔を真っ赤にし、股間が目に見えてムクムクとふくらんでいきました。

いけないと思う一方、悪戯心を起こした私は、ハーフパンツの中心に手を伸ばしてしまったんです。

「あ……お、おばさん」

「ほら、ここはこんなに逞しいじゃない」

「くふぅっ」

あそこをさわさわなでさすっているだけで、ふくらみはさらに大きくなり、まるで鉄の棒を入れているかのような感触でした。

言いわけになってしまいますが、あのときは夫婦の営みがすっかり減り、一年近くも禁欲生活を送っていたため、欲求が溜まっていたのかもしれません。

とたんに全身が熱くほてりだし、年がいもなく浮き足立ってしまいました。

しかも相手は娘のボーイフレンドなのですから、母親失格と言われても返す言葉もありません。

聡太くんはじっとしていたのですが、気持ちよくなったのか、次第に鼻息を荒らげ、ヒップに手を回してきました。

「……あっ」

お尻をギュッ、ギュッとつかまれたとたん、気持ちが昂り、自制心が粉々に砕け散りました。

「はあ、はあ、おばさん……ぼく」

聡太くんの泣きそうな顔に母性本能がくすぐられ、私は強引に唇を奪い、口のすき間から舌をもぐり込ませたんです。

「む、ふぅっ」

彼は驚きの声をあげたものの、舌と唾液をためらいがちに吸い立てて、こたえてくれました。

「ンっ、ンっ、ンっ！」

鼻から甘ったるい吐息がこぼれ、胸が乙女のようにときめきました。

大口を開けて顔を傾け、情熱的なディープキスで舌をむさぼると、聡太くんは目を白黒させました。

この時点で、夫や娘のことは頭から吹き飛んでいたと思います。

キスをしながらハーフパンツの紐をほどいた瞬間、彼は口の中に熱い吐息を吹き込みました。

そのままウエストから手を差し入れると、おチ○チンはそり返っており、手が火傷《やけど》するのではないかと思うほど熱くなっていました。

「あふっ、あうぅ」

息苦しくなったのか、聡太くんは唇をほどき、うつろな顔で天を仰《あお》ぎました。

「おばさん……はあはあっ……」

「腰を浮かせて」

彼がお尻を上げたところでパンツを下着ごと引きおろすと、ペニスがビンと跳ね上がり、透明な粘液が翻《ひるがえ》りました。

若い男の子のおチ○チンって、ほんとうに硬いんですね。

スモモのように張りつめた亀頭、真横に突き出たカリ首、いまにもはち切れそうな青筋と、逞しい昂りに子宮の奥がキュンとひりつきました。

条件反射さながらに乳首がしこり、熱いうるみがジュンと溢れ出したんです。

「あうっ」

感情の赴くまま、私は脇目も振らずにペニスをしごきました。

「はううっ」

顔をくしゃりとゆがめる表情がとてもかわいくて、鼓動はますます高まるばかりです。

先走りが絶えず吹きこぼれ、いやらしい匂いが立ちこめると、私の性感も沸点に近づきました。

喉をコクンと鳴らしたあと、私は身を屈め、あろうことかペニスに舌を這わせてしまったんです。

とたんに、頭上から歓喜の声が聞こえました。

「くおおっ」

聡太くんの初々しい反応が、私をさらに昂奮させたのではないかと思います。

もっと気持ちよくさせてあげたくて、私は夫にさえ見せたことのない激しい口戯で責め立てました。

唾液をたっぷりまとわせ、首を螺旋《らせん》状に振り、頬をすぼめてじゅるじゅると吸い上げると、聡太くんは足を小刻みにふるわせ、おチ◯チンを派手に脈動させました。

「あううっ」

口の中でのたうち回るペニス、汗臭くてしょっぱい味覚に、頭の芯がジンジンとし、知らずしらずのうちに腰がくねりました。

私自身も我慢の限界に達し、フェラをしながらスカートの中に手を入れ、忙《せわ》しなくショーツを脱ぎ捨てたんです。

「ぷふぁ……」

おチ◯チンを口から抜き取り、腰を跨ろうとした直後、聡太くんの腰がぶるっと震えました。

「……あっ」

「くおっ」

驚いたことに、ペニスを軽くしごいただけで精液が噴き出し、顔の付近まで飛び跳ねたあと、二発、三発と立て続けに放たれました。

「きゃっ！」

とにかくすごい量で、しばらくはあっけに取られていたほどです。

「はあふう、はああっ……」

Tシャツは精液だらけになり、生臭い匂いがあたり一面にただよいました。

聡太くんは申しわけなさそうに目を伏せていましたが、ペニスは依然として勃起したまま。萎《な》える気配は、少しもありませんでした。

「すごいわ……こんなに出るなんて」

「ご、ごめんなさい……」

「ううん、謝るのはこちらのほうだわ。シャツ、汚しちゃって。洗ってあげるから、脱いで」

シャツを頭から抜き取る間も、おチ○チンは逞しいみなぎりを見せつけ、若い男の子の精力には感嘆の溜め息をこぼすばかりでした。同時にまたもや愛液が溢れ出し、股のつけ根は内腿のほうまでぬるぬるの状態でした。

「まだ出てるわ……」

はしたなくも、私は再び身を屈め、尿道口ににじんだ残り汁をきれいに舐め取ってあげたんです。

「あ、あぁ……」

聡太くんは信じられないといった顔をしたのですが、おチ○チンはさらにこわばり、手のひらに熱い脈動を伝えました。

私自身も性衝動は止められず、インターバルを空けずに入れちゃおうかと思った直後、彼の手がバストに伸びました。

「あンっ」

シャツの上から乳房をもまれ、頂点のとがりをまさぐられただけで、甘い電流が身を貫きました。

聡太くんはさらにスカートをまくり上げ、ヒップをなでさすってきたんです。

「だめ、だめよ」

恥ずかしさに顔を真っ赤にさせたのも束の間、彼は股の間に手を差し入れ、いちばん感じる性感ポイントをかきくじりました。

「あっ、ふぅン」

ショーツは脱いでいたので、下腹部はもちろん無防備な状態です。

あわてて腰をよじったものの、愛液がくちゅんと跳ね、淫らな音が響き渡りました。

「すごい……すごく濡れてます」

「あンっ、だめっ、だめったら」

「あぁ、どんどん溢れてくる」

「あぁ、いやぁ」

感じていることを知られてしまった恥ずかしさに身がほてりましたが、無骨な指の動きがなぜか気持ちよく、天国に舞い昇るような浮遊感に包まれました。

私は身を起こすや彼の唇にむさぼりつき、舌を激しく吸い立て、おチ○チンをこれでもかとしごきました。

「ンっ、はあっ……もう我慢できないわ」

「おばさんの……見せてください」

「えっ……いやよ」

「おばさんだって、ぼくの見たじゃないですか」

「男と女では違う……きゃっ」

なよっとした見かけとは裏腹に、聡太くんは強引に私をソファに押し倒しました。抵抗する間もなくスカートをめくられ、大切な箇所がさらされると、思わず顔をそむけました。

「あぁ、やぁ、だめっ」

拒絶の言葉は放ったものの、体に力がまったく入らず、私はただヒップをくねらせるばかりでした。

娘のボーイフレンドにあそこを凝視されているにもかかわらず、そのシチュエーションが、さらに昂奮度を高めたんです。

「びしょ濡れじゃないですか」

「やぁぁあンっ、見ないで」

とりあえず太ももを狭めたものの、聡太くんの顔が邪魔をして足を閉じることはできません。

ただ腰を切なげに揺らす中、あそこに巨大な快感が走り抜けました。

「ひいっ！」

悲鳴をあげて頭を起こすと、聡太くんは舌を差し出し、敏感状態の肉粒を舐め転がしていました。

帰宅してからシャワーは浴びていないのですから、恥ずかしいのは当然のことです。

「だめっ、だめっ」

身が裂けそうな羞恥に耐え忍ぶ間、ちゅぷちゅぷと卑猥な音が洩れ聞こえ、性感が再び上昇していきました。

「あぁ、やぁ、やぁ、やあぁぁンっ」

舌が跳ね躍るたびにヒップがわななき、久方ぶりに味わう快感に身が焦がれました。

理性はかけらも残っておらず、気がつくと、私は見境もなく金切り声でおねだりしていました。

「ああっ、もう……入れて、入れてっ！」

聡太くんも、我慢できなかったのでしょう。

すかさず身を起こし、充血した目でペニスを握りしめ、パンパンに張りつめたペニスの先端を愛液まみれのあそこにあてがいました。

「あ、あ……あ、くっ」

陰唇を割り開かれたときの快感は、いまでもはっきり覚えています。

強烈な圧迫感に続いて、亀頭が膣口をくぐり抜けた瞬間、なんと私は軽いアクメに達してしまったんです。

「あふうっ」

彼は気づかないままペニスを膣奥に埋め込み、さっそく激しいピストンを開始しました。

がむしゃらな腰振りではありましたが、亀頭の先端が子宮口をガンガン叩き、とにかく気持ちがよくて、何度も絶頂を迎えそうになりました。

「はっ、はっ、はっ！」

「いやっ、いやぁぁぁぁっ！」

一度放出したせいか、今度はなかなか射精を迎えず、聡太くんは懸命に腰を振りたくっていました。

カチカチのおチ◯チンが膣の中を往復するたびに悦びに打ち震え、あのまま永遠に快楽をむさぼっていたいと思ったほどです。

「あぁ、いい、いいわぁ！」

高らかな声をあげる最中、聡太くんの顎から汗がボタボタと滴り落ち、やがて腰の動きが止まりました。

「はあふう、はあはあっ」

「今度は、私が上になるわ……」

「ご、ごめんなさい……」

スタミナ切れなのか、彼が小さな声でつぶやくと、あまりのかわいさに胸が甘くひりつきました。

私はいったん腰を上げてペニスを膣から抜き取り、彼をソファに座らせました。愛液をたっぷりまとったおチ○チンはどろどろの状態で、すごく恥ずかしかったことを覚えています。

私は彼の腰を跨り、再びペニスを股ぐらにすべり込ませ、濡れた窪みにあてがいました。

「はあ、ンっ、ンっ」

ヒップを沈め、ぬるぬるのペニスを膣内に埋め込むと、聡太くんはとろんとした顔でつぶやきました。

「おばさんの中、あったかくて柔らかいです」

「あなたのだって、熱くて硬いわ。もっと、自分に自信を持っていいんだからね」

「あ、ありがとうございます……あ、気持ちいい」

「もっともっと、気持ちよくさせてあげる」

おチ○チンを根元まで呑み込んだところで、私はヒップを揺すりはじめました。スライドのたびに、結合部からくちゅんくちゅんとハレンチな音が洩れ聞こえ、牡と牝のふしだらな匂いが、ぷんぷんと立ちのぼりました。

ヒップの打ち振りを徐々に速めていくと、カリ首が性感ポイントをこすり上げ、瞼の裏で白い火花が八方に飛び散りました。

「あぁ、いい、いい……あなたも突いて」

聡太くんは言われるがまま下から腰を突き上げ、私はいつの間にかトランポリンをしているかのように身を弾ませていました。

バチンバチーンと、恥骨がヒップを叩く音が高らかに鳴り響き、はしたない声を途切れなく放ちました。

「あっ、やっ、ひぃっ、ンっ、はあぁぁっ!」

「あっ、ぐっ、くうっ……」

彼のほうは、射精を懸命にこらえていたのだと思います。

狂おしげに歯を食い縛る表情がまたかわいくて、全身の細胞が歓喜の渦に巻き込まれました。

性感は瞬く間に沸点を越え、熱い情欲が内から噴きこぼれました。

「あああっ、やあああっ！　だめっ、イクっ、イッちゃう！」

「あぁ、も、もう……ぼくも我慢できません！」

「いいわ！　イッて！　中に出してぇっ!!」

膣内射精を許可したとたん、聡太くんはラストスパートとばかりに、腰をこれでもかと打ちつけてきました。

「あひいっ！」

私も負けじとヒップを振り立て、とろとろの媚肉でおチ○チンをたっぷり引き転がしてあげたんです。

ヒップをグリンと回転させると、彼は口を開け、大きな声で叫びました。

「あっ、イクっ……イッちゃいます！」

「私もイクわっ！　いっしょにイッて！　あ、ああっ、イクっ、イクイクっ、イックうっ!!」

「ぐおおっ!!」

熱いしぶきが膣奥に放たれた瞬間、私もこの世のものとは思えないエクスタシーに導かれました。

交互にシャワーを浴びたあとは、再び禁断の関係を結んでしまい、聡太くんはその日三回も射精しました。

酔いが覚めて冷静さを取り戻すと、ひどい後悔に襲われましたが、体は羽が生えたように軽くなっていました。


その後、聡太くんと美玖は別れてしまったようです。

彼と顔を合わせたくないがために、外出するにも神経をつかいましたが、すぐに新しい彼女ができたらしく、結婚前提にとなり町のアパートで同棲しているという話を娘から聞いて驚きました。

もしかすると、あの一件で男としての自信を持てたのでしょうか……。

とはいえ、若者の切り替えの早さには、いまだに信じられない気持ちでいるんです。

小悪魔キャラの義妹に翻弄されて……妻とは異なる牝穴に背徳の生挿入！

梶原芳信　会社員・四十八歳

大人になっても仲のいい姉妹というのはいるもので、ウチの家内がまさにそれです。家内には五つ離れた亜矢《あや》という妹がいます。子どものころから変わらず、双方結婚してそれぞれ家庭を持ったいまでも、親友のようなつきあいを続けています。

亜矢は今年三十九歳。顔立ちは確かに家内に似ていますが、ここだけの話、家内よりととのった、ショートカットの似合う美人です。

子どもがいないせいでしょうか、体型はすらりと崩れることなく、まるで若い娘のようです。細身の体に不釣り合いな巨乳がぴったりしたTシャツの下でぷるんぷるん揺れていたりすると、思わず目を奪われそうになります(もちろん家内の目があるので、私は必死で視線をそらしてごまかしますが)。

性格は明るくて人なつっこく、義理の兄である私にも、それこそ家族そのものの気安さであれこれと話しかけてきます。日ごろから家内と二人で買い物だ、小旅行だとよく出かけていますが、特に用事がなくとも、月に二回は我が家にぶらっと遊びにきます。

亜矢が遊びにくる週末は、これも大きな声では言えませんが、私も心が浮き立ちます。うちに来たときも、亜矢はたいてい家内とべったりですが、それでもちょっとした拍子に、私と亜矢が二人きりになる瞬間があります。

そんなとき、亜矢は私を意味深な目つきで見つめて言うのです。

「義兄《にい》さんみたいなお兄ちゃんができて、私、うれしいんだ」

「最近ね、ウチのダンナ、夜が全然なの。どう思う？　ひどくない？」

どういう意味だろう？　もしや、私のことを誘っているのだろうか。ふと、調子のいいことを考えたりすることもありました。

もちろん相手は妻の肉親で、義理の妹で、しかも人妻です。そんな何重にも不道徳な不倫なんて、根が小心な私にはとても考えが及びませんでした。

ところがある週末、私たちはまちがいを犯してしまいました。

その日は家内が、息子のサッカークラブの遠征についていってしまい、私は家に一人でした。夕食どきになり、出前でも取ろうかと思っていたところに、突然、亜矢が連絡もなくやってきました。

私は家内の不在を告げましたが、亜矢は特に残念がる様子もありませんでした。

「あー、そうだったっけ。まあいいや。ちょっと上がってもいい？　義兄さんも一人でさびしいでしょ？　いっしょに晩ごはん食べよ！」

そう言うと、勝手知ったるなんとやら、キッチンに入ってさっさと食事の支度を始めるのです。

私としても、亜矢と二人きりの夕食なんて願ってもないことです。家内がいたら、まず実現しないチャンスでした。いや、もしかすると、亜矢も前々からこの機会を狙っていたのかもしれません。

食事をすませ、いつしか私たちはリビングのソファに並んで座り、ワインのグラスを傾けていました。最初はテレビを見ながら、他愛もないことを話していましたが、そのうちにほろ酔いになった亜矢は、大胆に私にしなだれかかってきました。

「はあ……義兄さんといると楽しいな。お姉ちゃんがうらやましい。義兄さん優しいし、男っぽいし、逞しいし……」

亜矢は低い甘えた声でささやきながら、手を私の胸板に置きました。そればかりか、ポロシャツ越しに、指先で私の乳首をくりくりと刺激してくるのです。

私は精いっぱいの理性を保って言いました。

「亜矢ちゃん、まずいよ。俺たちいちおうきょうだいだし、不倫にもなっちゃうし」

「ふふっ……だからよけいにムラムラしない？　ねえ、私のこと、オンナとして興味ない？」

そう言いながら、亜矢はぴったりと体を私に密着させてきます。薄手のTシャツの下で盛り上がっている巨乳が、柔らかく私の脇腹を刺激してきます。

気がつくと私は、亜矢を抱き寄せてキスしていました。亜矢は積極的に舌を絡め、それにこたえてくれました。

長い間こっそり盗み見ることしかできなかったメロンのようなバストを、手のひらでそっと愛撫してみます。

おおっ。手のひらから溢れんばかりにボリュームのある巨乳の弾力、たまりません。家内も貧乳というわけではありませんが、妹の亜矢のほうがはるかに豊満です。

「あふ……義兄さん、もっと……」

ふだんのからりとしたしゃべり方とはまるで違う、官能的な亜矢の誘い声に、私の理性はあっけなく吹き飛んでしまいました。

私はディープキスを楽しみながら、亜矢のTシャツとロングスカートを乱暴に脱がしていきます。特大サイズのブラジャーをはずしてやると、夢に見た義妹の爆乳が裸になって、私の目の前に現れました。

血を分けた姉妹でも裸はこうも違うかと、私はしばらく、亜矢の肢体に見とれました。家内の体はどちらかといえばむっちりずん胴で、バストの形もさほどよくありません。一方、妹の亜矢は腰骨が浮いて見えるほど華奢なのに、おっぱいは、大きいだけでなく形も豊潤な果実のように美しいのです。きゅっとくびれた腰から、小ぶりながらぷりんとしたお尻へのラインもすばらしい。

こんないい体をした妻を抱きもせず放置しているなんて、亜矢の夫はおかしいとしか思えません。

私はもうたまらなくなって、亜矢のバストにむしゃぶりつきました。

乳房はふるふると手の中で弾み、口に含んだ小さな乳首は、わずかな刺激ですぐピンと硬くなります。

「義兄さん……ああ義兄さん、うれしい。私の体、興奮する?」

身をよじりながら、亜矢は下から私の股間をなでさすります。言うまでもなく私の股間は、この数年ほとんどなかったくらいに勃起していました。

「ああん、義兄さんの、こんなに大きくなってる。ねえ、私からも、していい？」

ゆっくりと亜矢は身を起こし、私のズボンを器用に脱がせてしまいます。下着もおろすと、私のジュニアはもう恥ずかしいほどに膨張し、卑猥に青筋を立てていました。

亜矢はいたずらっぽい笑顔で、私のそれをしげしげと観察します。

「あん、すごい。義兄さん、こんなになって……じゃあ、味見しちゃおっと」

亜矢も三十路の人妻です。男を喜ばせるツボは知り尽くしていました。陰嚢からカリ首、そしてガマン汁が出っぱなしの鈴口まで、長い舌をつかってチロチロとくすぐってきます。想像以上のテクニシャンぶりでした。

「ううーっ、すごいよ亜矢ちゃん。めちゃくちゃ気持ちいいよ……」

「ほんと？　私も、こんなにピンピンになってもらえてうれしい。いっぱいぺろぺろしてあげるね」

形のいい亜矢の唇が、ちゅっ、ちゅっとテカテカになった亀頭にキスしてくれます。やがて亜矢は、じーっと私の顔を見ながら、じわじわと私のアレを口に入れていきました。

「おおお……たまんないよ、亜矢ちゃんっ！」

モデルのようにスタイル抜群の義妹が、私にフェラチオしてくれている……そう考えるだけで、家内のおざなりなおしゃぶりの何倍もの快感でした。しかも濡れた瞳で、私の反応を見つめているのです。

私が快感のあまりだらしなく喘ぐ様子を見ると、亜矢のフェラチオはますます熱を帯びました。唇をきゅっとすぼめ、頭全体を使って激しくナニを口に出し入れします。亜矢のヨダレと私のガマン汁が混ざって、じゅるじゅるとものすごい音がします。

「ああ……亜矢ちゃんがこんなにエロいなんて知らなかったよ」

「うふふ。お姉ちゃんと、どっちがじょうず?」

私のものを握って、亜矢は意地の悪い質問をします。私は少しうしろめたく感じながらも、「もちろん、亜矢ちゃんだよ」と言うしかありませんでした。

私の返答に満足したのか、亜矢は私をソファに座らせたまま、床に膝をついて私の足の間に体を入れました。

そして自分の巨乳を片方ずつ持ち上げると、ピンコ勃ちしっぱなしのナニの先っちょに、ツンと頭をもたげた乳首を交互にこすりつけるのです。

亜矢自身も感じているようで、乳首を亀頭に当てるたびに目をとろんとさせています。

「はぁん、おち○ちん、硬ぁい。おっぱいも気持ちいい……」

これは私も、いままで経験したことのない悦びでした。

「お姉ちゃん、こういうことしてくれる？」

ついには亜矢は、ヨダレでヌルヌルになった私の分身を、やさしく白い巨乳の谷間へと包み込んでくれました。

これほど大きくて張りのある巨乳にパイズリしてもらうのも初めてでした。しかも、亜矢ほどの美人ともなると格別です。たわわですべすべな乳肉にナニを圧迫されての摩擦刺激は、この上ない心地よさでした。

「こ、こんなの、あいつには無理だよ……ううっ、亜矢ちゃんっ、ちょっと、それ以上は……ああ、やばい、出ちゃうよ……」

「うん、おっぱいの中で、義兄さんのおち○ちんピクピクしてる……イッていいよ、義兄さん。思いきり、気持ちよくなって。ほら、もっと強くしたげる……」

いやらしい微笑を浮かべたまま、亜矢は乳房でのご奉仕をますます激しくします。

なんとか我慢しようと私は歯を食いしばりますが、想像以上の刺激に、私の分身はあっけなく力尽きてしまいました。

「おおーっ、亜矢ちゃんっ、出すよっ！」

亜矢の乳房のすき間から顔を出した亀頭から、ぴゅるぴゅると白い精液が迸ってしまいます。セックスともフェラチオとも違う、独特の絶頂感でした。

「あんっ、すごいっ、義兄さん、いっぱい出るぅ。あったかいの、たくさん出てるよ」

私の放った白濁で亜矢の美しいおっぱいはドロドロに汚れてしまいましたが、亜矢はうっとりとそれを指でぬぐって、ちゅるんと口に含むのです。

「んふぅ……おいしい。義兄さんの精子おいしい。すっごい濃いぃ……おち○ちんも、お口できれいにしたげるね」

亜矢はうなだれかけた私のモノを再び口に咥え、残り汁まで全部吸い出そうとするみたいに、念入りに舌でお掃除してくれます。

あの陽気な義妹が、ここまで淫乱だったなんて……私は亜矢の淫らな表情や仕草を見ているうちに、ナニが再び隆々と勃起してくるのを感じました。

私は亜矢をソファに押し倒し、最後に残っていたショーツに手をかけました。

「今度は、俺からしてあげるよ、亜矢ちゃん」

ゆっくりとショーツを脱がせてやると、薄めの陰毛に縁取られた亜矢の女性自身が露出します。出産を経験していない控えめなピンクの陰唇からは、すでに透明なスケベ汁が、とろとろとにじみ出ています。

「ああ、亜矢ちゃんのおま○こ、よく見えるよ」

「やん、そこはあんまり見ちゃいや……」

私は亜矢の股間をしげしげとのぞき込みます。さしもの亜矢も羞恥心がわくのか、思わずそこを手で隠そうとしますが、私は亜矢の手首をつかんでそれを許しません。

「もっとよく見たいんだ、亜矢ちゃんの恥ずかしいところ。めちゃめちゃ濡れてるよ。ほら、自分でわかる?」

私は亜矢のワレメを指でなぞり、ねとーっと長い糸を引く透明な愛液を、亜矢本人に見せつけます。

亜矢は小さな子どもみたいに指を咥え、もじもじと体をくねらせます。

「ああん、やあん。だって、義兄さんがすごくエッチだから……私だって反応しちゃうよ」

私はなおも亜矢の股間に顔を近づけ、清楚に閉じているワレメを、指で押し開きました。

「あ、広げちゃだめ……」

薄い陰唇の内側に、鮮やかなサーモンピンクの膣口が小さく息づいています。クリストリスは小さくて、包皮をめくってもやっとかろうじて突起が確認できるほどです。

「ふうん……ここの形も、姉妹で全然違うんだね」

「え、そ、そうなの？　知らなかった……いくら仲よし姉妹でも、ここまでは見せっこしないもん。ねえ、私のワレメちゃん、お姉ちゃんと較べてどう？」

亜矢は羞恥心と同じくらい、スケベな好奇心もあるようです。

「そうだね……うちのに較べると、亜矢のほうがきれいだよ。色も薄いし、ビラビラも小さいし。でも、味はどうかな？」

私は亜矢のそこに口をつけ、蜜でとろとろの襞をじっくりとねぶっていきます。

敏感な箇所を舌で責められて、亜矢は「あひんっ」と脚を突っ張ります。

「い、いきなり、そんなとこナメナメしちゃダメだよぉ……さっきから、ずっとムラムラして感じやすくなってるんだから……ひううっ……」

私は舌を鳴らして、亜矢の新鮮なスケベ汁を舐めすすり、その味を確かめます。

「うん。おつゆの味も亜矢のほうが素敵だよ。ジューシーで、すごくおいしいよ」

「あ、ああーっ、そんなに、そんなに舐めたら、ワレメちゃんがとろけちゃう……やあん、気持ちいいよ。気持ちいいよぉっ」

亜矢はしなやかな肉体を波のようにうねらせて、感じまくっていました。

感度のいい亜矢に煽《あお》られるように、私も舌での愛撫をエスカレートさせていきます。

陰唇やクリトリスはもちろん、お尻の穴までが愛おしくて、私は亜矢の股間にある恥部という恥部を味わい尽くします。

「ひぃぃっ、だめっ、そんなところまで義兄さんにちゅっちゅされたら、私、すぐイッちゃうからっ！　あんっ、いやっ、お尻は許してっ。恥ずかしすぎるからっ！」

どうやら亜矢は、アナル舐めが特に弱点のようです。

そういえば、家内も以前アナルを愛撫してやるとすごく喜んでいました。体の作りはけっこう違う姉妹ですが、性癖は似るんだな。私は頭の隅で、そんなことを考えていました。

私は亜矢をまんぐり返しの体勢にさせ、指でクリの突起をいじくりながら、すぼまった桃色のアヌスを、ちろちろと責めつづけてやります。

「ひあぁんっ、こ、こんなの初めてっ！　刺激強すぎちゃうっ！　あっ、だめだめだめっ、ほんとにイッちゃうぅーっ！」

亜矢は悲鳴のような声をあげ、だしぬけにワレメから透明な熱い液体を、ばしゃばしゃと噴出しました。

「イッちゃったね、亜矢ちゃん。これでおあいこだね」

ぐったりした亜矢は、顔を真っ赤にしていました。

「やだあ、お潮吹いちゃうなんて何年かぶり……恥ずかしいよ。それに、ソファ汚しちゃった。ごめんなさい」

「いいんだよ。亜矢ちゃんがこんなに喜んでくれて、俺もうれしいよ」

もちろん亜矢は、それだけでは満足するはずがありませんでした。亜矢は私の股間に手を伸ばして、ずっと臨戦態勢を保っているモノをやさしく握りしめ、物欲しげな目つきで言うのです。

「ねえ、義兄さんのここ、まだカチカチ……最後まで、してくれるんでしょ？」

「もちろんだよ。俺も、亜矢ちゃんの中まで感じたいな」

私はあおむけになった亜矢の脚をまた大きく開かせ、愛液と潮でびしょびしょになったワレメに、自分のモノを押し当てました。

「このまま入れちゃっていいよね？　亜矢ちゃん」

「うん……ナマで義兄さんの感じたいの」

亜矢は自分から私の分身に手を添え、「早く、早く入れてぇ」と急《せ》かしさえします。

ほんとうに、亜矢に挿入するのだと思うと、また一瞬、罪悪感が脳裏によぎります。妻の実の妹で、おまけにダブル不倫です。

しかしそのときは、だからこそいっそう興奮が昂りました。まちがいなく亜矢も、まったく同じ背徳の欲望に我を忘れていたと思います。

ここまでの前戯で、亜矢のあそこはじゅうぶんすぎるほど濡れ、膣口はぱっくりと開いていました。

私のそれは、拍子抜けするくらいスムーズに、亜矢の胎内へと沈んでいきます。

「あはんっ、は、入ってきたよ、義兄さんの……ああん、ゴリゴリ……」

亜矢は禁じられた交合の感触に唇をふるわせ、最高の快感に酔っているようでした。

私もまた、妻とは違う陰部の絡みつきに、不思議な感覚を楽しんでいました。

挿入を深くするほど、亜矢のそこは極上のつくりであることがわかりました。膣道は狭く締まり、奥の天井にある細かな襞がカリ首を絶妙にくすぐってくれます。

「ああ、全部、入っちゃった……ど、どう義兄さん、私のおま○こ……お姉ちゃんより気持ちいい？」

「ああ、最高だよ……めちゃくちゃ締まるよ」

私がゆっくりと動き出すと、亜矢はとろけるような声をあげました。

「ううんっ、うれしい……義兄さんの好きなだけ、私のここ、犯してね」

なんてかわいい義妹なのでしょうか。

私は亜矢の内側のすべてを味わうように、じっくりとストロークを始めました。

入れるときも、出すときも、亜矢のそれはねっとりと私のモノにねばりつくような感触で、妻との義務的行為では感じたことのない快感でした。

こするほど私のモノも熱く過敏になって、前後運動が次第に速くなってしまいます。

その動きにつれて、汗に濡れた美巨乳がゆっさゆさと揺れる様子も、スケベそのものです。

「あっ、ひっ、に、義兄さんっ、すごいっ！　もっと、もっとしてぇっ！」

私は亜矢の弾むおっぱいをもみしだき、乳首を嚙みながらさらに出し入れをペースアップさせます。

「あんっ、あんっ、すごすぎるぅっ！　奥までズンズンきてるっ！　あーっ、義兄さんのおち○ちん最高っ！　突いて、突いてぇっ！　おっぱいもしゃぶってぇっ！」

私自身、亜矢に没入させている部分があまりに夢心地で、腰が勝手にピストンして止まらない状態でした。

「義兄さん、義兄さんっ！　私、もうダメかもっ！　イッちゃうかも……ああ、いや、そ、そんなに奥までグリグリされたら、私っ……ああ、イキそう！」

亜矢は眉間にしわを寄せ、体をぎゅっと縮こまらせていきます。両脚が私の腰に絡みつき、さらに密着度が増してしまいます。

私は亜矢のために、ダメ押しの往復を加えてやりました。

「んあぁーっ！　も、もうダメ、イクぅーっ！」

亜矢は痛いほど私にしがみつき、また膣から潮をプシュッと吹きこぼしました。熱い液体が、貫入したままの私のペニスに浴びせられます。

もちろん、私のそこは、まだバキバキに硬直したままです。

私は亜矢を抱き上げ、四つん這いにさせました。

「ああんっ、ま、まだできるの？　義兄さんたらすごい……」

いつもはおっぱいにばかり目を奪われていましたが、こうして見ると、亜矢はお尻のかたちもすばらしいのです。白くてきれいな肌には、アザも黒ずみもありません。さっきまで私のものを咥えこんでいたワレメはだらしなく口を開けたまま、その上にはピンクの肛門もひくひくしています。

「うしろから、入れるよ」

「うん、バック大好き……わんちゃんみたいに犯してぇ」

亜矢はふしだらにお尻をくねらせ、おねだりします。

私はもう一度、義妹の中へと、自分のはちきれそうなモノを突き入れました。

「んあぁーっ、こっちから入れるのもイイーっ！」

膣道の向きが変わって、私にもまた新しい快感が襲ってきました。

出し入れしながらふと見れば、さっき弱点と判明したアヌスが、物足りなさそうにしていました。私は指で、そこをこりこりとくすぐってやります。

「ひぃんっ！　そ、そこはいじくっちゃだめえっ！」

亜矢は叫びましたが、アヌスを刺激してやるたびに、ただでさえ狭い亜矢のアソコがキュッと収縮して、私には答えられない快感でした。

パン、パンと亜矢のお尻に腰を打ちつけつつ、私の指はどんどん亜矢のアヌスの中へと沈んでいきます。

「ひうぅっ！　そ、そこはっ！　あーん、そこは許してぇっ！」

「ほら、亜矢ちゃん、指入っちゃったよ。どこに入ってるの？」

ピストンのペースを徐々に速めながら、私は少しサディスティックに尋ねます。

「はぁっ！　はぁんっ！　お、お尻……お尻の穴……ああ、恥ずかしいよぉ！」

「でも、気持ちいいんだろ？　ん？　アソコを犯されながらアナルほじられて、たまんないだろ？」

いつしか、私の動作に合わせて亜矢の腰も激しく運動していました。

亜矢は、何度目かの絶頂を迎えようとしていました。

そして私も、もう玉袋がパンパンで、煮えたぎる精液がいまにも溢れそうになっていました。

「ああ、亜矢ちゃん、俺もイクよっ……中に出すからね！」

「うん、義兄さんなら、いいよ……義兄さんの、全部ちょうだいっ！」

私は義妹の腰を抱え、最後の刹那に向けて最後の突き入れをぶち込みました。

「あっあぁーっ！　義兄さん、義兄さん好きぃっ！　イクゥーっ！　イックゥーっ！」

亜矢の全身の痙攣を感じながら、私も同時に、義妹の子宮に禁じられた射精をしてしまったのでした。


それからも、亜矢と家内の親密な姉妹関係はまったく変わらず続きました。

一つだけ変わったのは、家内の目を盗んで、私と亜矢が密会する日が出来たことです。

私も亜矢も、近親相姦であり不倫でもあるこの関係にすっかりハマってしまい、もう抜け出すことができません。

もしバレたら、どちらの家庭もおしまいだと頭ではわかっています。

それでも私たちは、月に数回ほど家族に嘘をついて、お互いの体をむさぼり合ってしまうのです。

人生で初めて働きに出た四十路熟女
夫を裏切り社長の肉幹で連続アクメ！

吉谷さやか　パート主婦・四十五歳

夫にはとても大事にされていて、周囲からはオシドリ夫婦なんて言われています。

私の父は厳しくて、二十歳まで門限がありました。ほかの子みたいに遊ぶこともせず、大学時代に知り合った夫と卒業後間もなく結婚して、翌年には長女が生まれ、立て続けに次女が生まれました。

つまり私は、夫しか異性を知らないまま、気づけばこの年になっていたのです。

優しい夫と娘たちに囲まれて、何ひとつ問題のない家庭に満たされていたので、外で遊びたいと思うこともありませんでした。

そんな暮らしが狂いはじめたのは、仕事に出るようになってからです。

一年前に次女が大学生になったのを機に、遊んでいるのももったいないからと事務のパートを始めました。

「無理に働きに出なくてもいいじゃないか。まぁ、すぐイヤになると思うがね」

夫は、からかうように言いながら、社会人経験がほとんどない私のことをとても心配していたようでした。

心配して言ってくれていのはわかっていても、そんなふうに言われると私もムキになってしまい、簡単にやめるものかと意固地になっていました。

夫が心配していたように、確かに最初はとまどいましたが、四十過ぎでキャリアのない私を受け入れてくれたことがありがたく、一所懸命仕事を覚えました。

建築関係の会社なので、女性は私のほかに一人しかおらず、主婦ならではのこまやかな気配りが喜ばれました。

まじめな勤務態度は社長の目にとどまり、とてもかわいがってもらうようになりました。社長といってもまだ三十代ですが、社員思いのしっかりした方です。

こんなパートのオバサンまで労《いたわ》ってくれて、豪華な食事に連れていってくれたり、ミニボーナスを出してくれたりしました。

若い実業家だけあって、ワンマンなタイプでしたが、私はそういう男性にひかれてしまうようです。

夫がそうであるように、リードしてくれる男性を頼もしいと感じてしまい、なんでも従いたくなってしまうのです。

「近ごろ、こんなに素直な女性は珍しいね」

社長によくそう言われていましたが、そんなところも気に入られたようでした。

専業主婦をしていたときより、身なりにも気をつかうようになって、気持ちにも張りが出ました。娘たちはそんな私を見て、「ママ、最近イキイキしてるね」なんて言ってくれました。

ただ、夫だけはよい顔をしませんでした。

夕飯が手抜きになっただとか、化粧が濃すぎるだとか、何かにつけて文句をつけられ、社長にほめられたと言っても、

「なんか下心でもあるんじゃないか？　お前は世間知らずだから気をつけなさい」

なんて、父親みたいなことを言われました。

「社長は若いイケメンなのよ。こんなオバサンに下心なんてあるもんですか」

そんなふうに言い返すことが、かえって夫の嫉妬心を煽っていたのかもしれません。

「ちゃんと、私の仕事ぶりを見てくださっているのよ」

そう言うと、夫は「どうだかな」と、納得しないような顔をして笑いました。

やがて、夫とのそんなやり取りが面倒になってきてしまい、だんだんと会社の話を

しないようになっていったのです。

するとら夫は、仕事の合間に会社に電話してきたり、迎えにきたりするようになりました。連絡なら、私のスマホにメールなり直接送ってくればいいものを、わざわざ会社宛てにかけてくるのです。自分の存在をアピールしたいようでした。

仕事を早めに切り上げてまで車で迎えにきたときは、その様子をバッチリ社長に見られていまい、翌日、冷やかされました。

「優しいご主人じゃないですか。よっぽど愛されているんだね」

その日、社長から夕食に誘われました。もう一人のパート女性が休みだったので、社長と二人きりです。

「ご主人に怒られちゃうかな？　でも、なかなか予約が取れない店なんだよ」

そう言われると、どんな店なのか気になったし、夫への反発心もわいてきました。

「怒られるだなんて、子どもじゃないんですから。ぜひ連れていってください」

若いころには反抗期などなかった私ですが、仕事に出はじめてからの夫の過干渉に少しばかり辟易《へきえき》していました。

夫には、パート仲間の女性と飲みにいくと連絡を入れました。夫に嘘をついたのは、そのときが初めてでした。

嘘をついてしまうと、秘密の時間を共有する社長との距離のほうが近いような錯覚を起こしました。

おしゃれな和食の店でお酒を頂くと、楽しくて、いつになく饒舌《じょうぜつ》になっていました。二人きりだったせいもあり、お互いのプライベートの話などもしました。

独身の社長から、夫とどんなふうに知り合ったのかと聞かれました。

学生時代に口説かれて、という話から始まって、夫が初めての人であることや、夫しか異性を知らないということまで話してしまいました。

「ウソでしょう？　いまどきそんな女性がいるなんて。そりゃあ、大事にされるわけだ……」

向き合って座っていた社長の目つきが、一瞬変わったような気がしました。

お酒のせいで充血していた目がギラギラしはじめて、その視線が胸元に刺さってきたのです。

露出の多い服は夫が怒るので、仕事に行くときは着たことがありません。

その日も上品なアンサンブルを着ていたのですが、羽織っていたカーディガンを脱いでいたので、ぴったりしたニットの胸元が盛り上がって見えていました。

夫以外の男性の視線を意識したことがなかったので、ドギマギしました。

「浮気したいと思ったこともない？　言い寄ってくる男はいたでしょう？」

血走った視線を胸元に向けながら、聞いてきました。

「いませんよ。だって、どこに行くにも夫がついてくるんですもの」

ほんとうにそうだったし、私自身もそれがあたりまえだと思っていたので、浮気願望など一度も抱いたことはありませんでした。

「もっと、人生を愉しんだほうがいいと思うけどな」

そう言われて手を握られたとき、耳まで赤くなってしまうのを感じました。

悔しいけれど、夫が言うとおりに私は世間知らずだったようです。知らないことが多すぎて、手を握られただけで、すごいことをしたような気分になりました。

「このあと、もう少しつきあってもらえないかな？」

誘われると、嘘までついて出かけた貴重な夜を、もっと楽しんでみたいという好奇心がムクムクとわいてきました。

社員たちの噂で、社長はけっこう遊び人だと聞いていました。遊び慣れている人へのあこがれみたいなものもあって、彼に誘われるままラブホテルに向かっていました。

お酒の力を借りていたものの、部屋に入るとさすがに緊張しました。

まるで面接のときみたいに、背筋を伸ばしてソファに座っていると、社長が隣に座ってきて、肩を抱かれました。

「ほんとうに慣れていないみたいだね。さぁ、力を抜いて」

社長の手が胸に伸びてきて、もまれました。

「ぼくは従業員に手を出したことはないんだ。それだけキミが魅力的だってことだよ」

確かに社長くらいのイケメンなら女に不自由はなさそうでした。そんな男性に選ばれたという喜びで、胸がいっぱいになりました。

社長の手で乳房をもまれる感触は、夫とはまるで違っていました。

夫はいまだに、処女の私に接したときと同じように、「痛くないか？」なんて聞きながら優しくさわるのですが、社長は、乳房が波打つほど激しくもんできました。

「んはぁ……うぅん、こんなふうにされたことないわ、感じてきちゃいます」

乳房をもまれながら荒々しくキスをされ、耳たぶや首筋を舐められていると、全身の力がふにゃふにゃと抜けていきました。

「こんなに大きい胸だとは思わなかった。スタイル抜群だね。立って見せてよ」

社長の手で腰を支えられながら、立ち上がりました。

誘導されて、ベッドのあるスペースまで移動すると、壁が一面鏡張りになっていました。

私の体を鏡に向けると、社長は背後から抱きついてきました。

「自分で見てごらん。こんなにきれいなのに、ご主人が独占するなんてもったいない」

朝、鏡に向かって化粧をしたときとは別人のような、だらしのない顔をしている自分が映っていました。

背後から回ってきた手で、ニットを上にまくられました。慣れた手つきでブラのホックをはずされると、ポロンと乳房が飛び出しました。

「ほぉ、美乳だね。二人も子どもを育てたとは思えないよ」

ロケットのように突き出た乳房は、夫のお気に入りです。たまにいっしょにお風呂に入ると、「形が崩れないように」と言って、ていねいに洗ってくれたり、バストマッサージしてくれたりするのです。

その乳房に指先を埋めながら、社長が鏡をじっと見つめていました。鏡の中で目が合うと、恥ずかしさで汗がにじんできました。

「アン、いやだわ。そんなに見ないでください……」

体をよじると、社長の腕に力が入ってきて、羽交い絞めされました。密着してきたお尻のあたりに、硬いペニスの感触があり、ドキッとしました。

服の上からそれを押し当てられたのは、初めてのことでした。無言で興奮を伝えてくるその感触に、ゾクゾクするほど興奮しました。

「腰のラインも色っぽいね。けっこうボリュームがある。着やせするんだな」

片手で乳房をもみながら、もう片方の手を腰やお尻に這わせてきました。

スタイル維持を心がけて摂生していても、そこにだけはたっぷりと、年齢相応の贅肉がついていていました。

太ももに張りついているタイトスカートが、ずりずりとめくられていきました。

汗ばんだストッキングも、皮を剝ぐように引きずりおろされてしまうと、自分でも最近はあまり見ることのなかった下半身が、鏡に煌々《こうこう》と映し出されていました。

そうしてあらためて映してみると、思っていたより太った体に見えました。

「いやん、恥ずかしい。醜く太ったオバサンの体だわ」

正面を向いたまま、鏡の中の社長に訴えました。

夫婦生活は、いまでも週に一度のペースでありますが、夫も私の体を見慣れているせいか、太ってきたと指摘されたこともありませんでした。

「わかっていないな。このムチムチした大きい尻がいいんだよ」

社長は腰を振って、お尻にペニスをこすりつけてきました。そうしながら徐々に服を脱がされていました。

「ぼくの匂いが服に移ったら、まずいでしょう」

剝き出しになった背中に熱い舌が這い回ってきました。ゆっくりと下に移動してきた指先が、パンティの上から陰部の上をまさぐってきました。

「すごい、もうびしょ濡れになっているよ。意外に感じやすいんだね」

恥ずかしい姿を鏡に映されているというのに、股間は熱を持って疼いていました。自分でも、うろたえてしまうくらい、激しく濡れてしまったのです。

とうとうパンティまで脱がされて、陰毛の茂った恥骨が剝き出しになりました。恥ずかしさにうつむくと、顎をつかまれて顔を上げさせられました。

「ちゃんと前を見て。ほら、黒々した、いやらしい丘まで丸見えだよ」

その茂みの奥に、社長の指がすべり込んできました。コリッととがったクリトリスを指先でこね回されると、鋭いしびれが走りました。

夫はその突起を、「ぼくのルビー」と呼んで、いつもうれしそうに舐めてくれます。丹念に愛撫をされるうちにどんどん肥大化して、もっとも感じる性感帯に育てられました。

「アアッ、アッ、アッ、だめ、だめですぅ……立っていられなくなっちゃう」

気持ちよすぎて、膝が崩れ落ちていきました。

「こっちを向いて。ぼくのズボンも脱がせてくれないか。きみのせいでビンビンだ」

床に膝をついたまま、向き直って社長のズボンをおろすと、目の前にそそり立ったペニスが迫ってきました。

四十代後半の夫と比べるのもなんですが、やはり三十代の男性のものは勢いが違いました。血管を浮き上がらせて、手で支えなくても天井を向いてそり返っていました。

若いころ、初めて夫のものを目の当《ま》たりにしたときと同じような衝撃がありました。

「その上品な唇で、しゃぶってほしいな」

遊び慣れている社長を悦ばせる自信はありませんでした。

夫は、たまに私がお口でしようとしても、「お前には似合わない」と言って、すぐに止めさせようとするのです。

私は布団に寝かせられ、もっぱら愛撫を受ける側でした。

「あ、はい。アァ、でも私、あまりじょうずじゃないかもしれません……」

こんなことなら夫にもっといろいろ教わっておくのだったと思いながら、舌を伸ばしてペロペロと舐め回していました。

「ああ、いいよ、そのぎこちなさがたまらないよ。そうそう、じょうずだよ」

仕事のときも、社長はほめて長所を伸ばすのがとてもうまい人でした。そのときも、ほめられてうれしくなってしまい、無我夢中で喉の奥まで咥え込んでいました。

「鏡に大きなお尻が映っているよ。もっと高く持ち上げて、よく見せて」

はしたないうしろ姿が鏡に映っていると思うと、アソコがヒクッと緊張してすぼまりました。

大きな口を開けてフェラチオをしていると、だんだんと大胆になってきて、自分の股間にも刺激が欲しくなってきました。

「ああ、よく見える。ワレメから、白いおつゆがドロッと溢れているよ」

社長の声が、興奮気味に上擦っていました。口の中のペニスが、一回り大きくふくらんでくると、自分まで昂ってきて、ずっと舐めていたくなりました。

きれいにセットしてあった前髪を、ギュッとつかまれました。

「しゃぶりながらぼくを見て。ああ、いい顔だ。ご主人にも見せてあげたいくらいだ」

社長のその言葉に、夫に対する反発心が煽られました。

一人じゃ何もできない女、何も知らない女だと思われているけど、こんなに若いイケメンを興奮させているのよ。そう言って、威張りたい気分でした。

「そんなに激しく舐められたら出ちゃうよ。まだ、愉しみたいでしょう?」

唾液まみれになったペニスを、唇から引き抜かれました。

再び立たされ、鏡に向き合いました。

すると、社長はしゃがみこんで、うしろから陰部に顔を寄せてきたのです。生温かい舌が、ワレメの線をなぞってきました。

「ハアッ！　ううっ、ムフ、ムフウン、すごい、いやだわ、こんな格好で……」

ひんやりとした鏡に手をついて、倒れそうになる体を支えていました。

そんな格好で舐められたのは初めてでしたが、夫がしないようなことをされるほど、興奮して感じました。

鏡を見ると、プルプル震える太ももの間から、陰部に吸いつく社長の姿が見えました。夫ではない人に、そんなところを舐められているという事実を、わざわざ何度も見て確認しながら興奮していたのです。

さらに指を二本も入れられて、クチュクチュとかき混ぜられました。夫に比べると、かなり乱暴な愛撫なのですが、それが新鮮だったのです。

「そろそろ入れてあげようか？　入れてほしくてウズウズしてきたでしょう？」

社長の言うとおり、じらされているような気分で待っていました。

「はい……もう欲しくて、たまりません」

夫以外のペニスを入れたらどんな感じなのかしら……と胸がときめきました。浮気をする罪悪感よりも、未知の興奮を知りたい欲求で、体の疼きが止まりませんでした。

「立ちバックで入れてあげるよ。これなら、前もうしろも全部見えるからね」

突き出したお尻に、硬いペニスが押し当てられてきました。

ワレメの上をヌルヌルとすべっていたペニスが、ズブッと体にめり込んでくると、穴が壊れてしまいそうなほどの、強烈な刺激が入りました。

「ウグッ、ンンッ、なんて硬いのっ！　突き破ってくるわ。初めてのときみたい」

ペニスが届く深さも、カリ首の引っかかり具合も、夫とはまるで違うものでした。

「気持ちいいよ……どう？　ご主人のとどっちが感じる？　やっぱりご主人がいい？」

激しく腰を振りながら、社長が聞いてきました。

「アン、アン、イジワルな質問だわ。アウッ！　社長のほうが……感じちゃいます」

そう答えたとき、まるでその言葉を咎《とが》めるかのように、けたたましくスマホの呼び出し音が鳴りました。ソファの上に置いた、私のバッグの中からでした。

「ご主人じゃない？　出たほうがいいよ」

社長はそう言いながらも、ペニスを抜こうとしませんでした。背後から挿入されたまま、バッグの置いてあるところまでゆっくりと歩かされたのです。

スマホを取り出すと、やはり夫からでした。

緊張が走りましたが、息をととのえて、「もしもし」と応答しました。

どこにいるんだと聞かれ、とっさに、二軒目に移動中だと答えていました。夫は耳を澄ませているようで、やけに静かだなと言いました。

「電車の中なの……ごめんなさい、だから長く話せないの。夕飯食べておいてね」

なんとか平静を装って答えていると、社長がゆっくり腰を動かしはじめました。

夫の声を聞きながらピストンされている状況に、初めて罪悪感を覚えましたが、そうしていると、なぜだかよけいに感じてきました。

夫は気づいていない様子でしたが、なかなか電話を切りたがりませんでした。

「ふぅん、わかったよ。いま、帰り道なんだが、何か買っておくものはあるかい？」

「何もないわ」と答えながら、「早く切って」と心の中で叫んでいました。

社長は腰を動かしながら、前屈みになって揺れていた乳房をわしづかみにしてもんできました。プックリふくらんでしまった乳首を指先でもてあそばれていました。

「アッ！」と思わず声が出てしまい、スマホを持ったまま床に膝をついていました。

四つん這いになると、社長の腰がさらに激しく動きはじめました。

勢いよく突き上げられると、気持ちよさに頭が朦朧としてきて、喘ぎ声を押し殺すのが精いっぱいでした。

「どうした？　もしもし？　おい、何かあったか？」

心配そうに声をかけてくる夫の声を耳に注がれながら、下半身に広がる快感を味わっていました。

「なんでもないわ……あなた、ごめんなさい……もうすぐ駅に着くから、切るわね」

スマホから聞こえてくる夫の声に目を閉じて、必死でごまかしました。

「おい、いつごろ帰るんだ？　迎えに……」

夫の声が続いていた通話を、強引にオフにしました。

社長のピストン運動が、さらに激しくなったからです。

「なかなかやるじゃないか。きみの電話対応にはいつも感心しているよ」

まさか自分でも、そんなにじょうずに嘘がつけるなんて思っていませんでした。ドキドキしたけれど、そんな状況を愉しんでいる自分がいたのです。

「ご主人と話しているとき、ヌルヌルのオマ○コが締まってきたよ」

社長は腰を振りながら、息を荒げていました。

「ううっ、また締まってきた！　イキそうだ……キミもイってごらん！」

床の上に転がっていたスマホが、再び鳴りはじめていました。

表示された夫の着信画面を見つめながら、突き出したお尻をペニスに押しつけていました。

頭の中も体の中も、社長のペニスでいっぱいになり、二度目の電話は出られませんでした。執拗に鳴りつづける着信音をかき消すほどの喘ぎ声で、絶頂を迎えていました。

「アハッン！　あなた、ごめんなさい。私、違うペニスでよくなっているの！」

糸の切れた凧《たこ》のように、私の体は夫の手を離れて、快楽にただよっていたのです。

三度目に夫の電話が鳴ったときは、社長の顔の上に跨っていました。見おろした社長と見つめ合い、微笑みながら、夫の声に応じました。

「もしもし。あと少しで終わるわ。ちゃんと帰るから大丈夫。待っていてね……」

夫と話している間、ずっとクリトリスを舐められていました。

「キミの体は、まだまだ開発の余地がありそうだね」

社長は、おもしろいおもちゃを見つけたみたいに、満足げに笑っていました。

いまも社長との密会は続いています。帰りが遅くなることが増えてしまい、夫の干渉は以前にも増してひどくなりました。けれど、そうされればされるほど、社長とのセックスで燃えてしまうのです。遅れてやってきた私の反抗期も、いつか終わることでしょう。

第四章▼新たな牡を求めて彷徨う牝たちの本能

スポーツジムで再会した親友の奥さん引き締まったヴァギナに男汁を放出！

小早川修二　会社員・四十三歳

一年ほど前から、スポーツジムに通っています。

四十歳を超えたあたりから体力の衰えを感じていたので、何かしなければと思っていたのですが、ある日、会社で久しぶりに階段を使って三フロア上まで上ったら、動《どう》悸《き》、息切れがすごくて、これはまずいと一念発起して通いはじめたんです。

とはいえ、一人で入会するのが恥ずかしかったので、大学のゼミ仲間でいまでも仲よくしている友人を誘ってみたんです。すると、やつも同じような悩みを抱えていたようで、「ちょうどよかった」とつきあってくれました。

私にとっては唯一の親友と呼べるようなやつなんですが、社会人になってからは雲泥の差がついています。なにせ、やつの勤務先は、うちの会社とは比べ物にならないほどの大企業。年収だって倍近いんじゃないでしょうか。それでも利害関係なくつきあえるのですから、学生時代にできた友だちというのはいいものです。

会社帰りに待ち合わせて、週二ペースのジム通いが一カ月ほど続いたときでした。

「なあ、うちの女房も運動不足だって言うから、入会させていいか？」

友人がそう言って、奥さんを連れてきたんです。

奥さんのことは、やつとつきあってるときから知っていました。すごく美人で、やさしくて、ずっとうらやましいと思っていました。やつが三十歳のときに二人は結婚したんですが、そのとき奥さんはまだ二十代で、本当にかわいらしかったんです。

「ごぶさたしてます、小早川《こばやかわ》さん。今日から、私もごいっしょさせてくださいね」

「いやー、こちらこそ、よろしくお願いします！」

久しぶりに会った奥さんは、そのころの雰囲気や清潔感をそのままに、アラフォーの色気が加わって、ますます魅力的になっていました。

世の中は本当に不公平です。こっちはまだ、この歳で独身だというのに……。

それからしばらくの間は、三人でトレーニングしていました。奥さんは、けっこう体にフィットしたウエアを着ていることが多いので、想像以上のセクシーなボディラインが見て取れて、私の心拍数が必要以上に上がってしまうこともありました。

ところが、ある日突然、友人がジムに顔を出さなくなってしまったんです。

電話してみると、「大きいプロジェクトの責任者に抜擢《ばってき》されたんだ。それを成功させるまで仕事に集中したいから、ジムはしばらく休むよ」ということでした。

ますます社会人として差が開いちゃうなと思いつつ、私は汗をかくのが気持ちいいし、体力がつくのも実感できて、週三にペースを上げて通っていました。すると、ときどき、一人でトレーニングしてる奥さんを見かけるようになったんです。

「あの人、このところ毎日帰ってくるのが深夜なんです。泊りがけの出張も多いし、夜、一人で部屋にいても寂しいんで、体を動かしてたほうがいいかなって」

ちなみに二人に子どもはいません。そして、その日もジムでいっしょになったので、私は奥さんと並んでランニングマシンを使っていました。

「今日も、あいつは遅いんですか？」

「ええ、たぶん、日付が変わるぐらいだと思います」

「……よかったら、ご飯につきあってもらえませんか？　僕、いつも一人なんで」

「あ……は、はい、私でよければ」

和食の店で食事をしながら、軽く飲みました。ジム帰りの奥さんは血行がいいせいか、いつも以上に魅力的でした。しかも恥ずかしそうに、こんなことを言うんです。

「あの人以外の男の人と……二人で飲むなんて、結婚してから初めてです。なんだかドキドキしちゃいますね。でも、すごく楽しいです」

私は天にも昇りそうな気持ちでしたが、冗談を言ってごまかしました。

「あいつには、言わないほうがいいかもしれませんね。ヤキモチをやくから……」

すると奥さんは、ちょっと表情を曇らせて独り言のようにつぶやいたんです。

「いえ、もうあの人……私のことは、女として見てませんから」

え？　まさか、そんな……奥さんの意味深な言葉に、胸が騒ぎました。

その後もジムで奥さんといっしょになると、食事がてら飲みにいくことが何回か続きました。でも、親友の奥さんと、それ以上のことがあるとは思ってもいませんでした。

ただ、奥さんは本当に楽しそうで、まるで恋人のように心を開いてくれているような気がして、私の中に、どんどん好意以上の感情が沸き上がってくるのをどうしようもなかったんです。気がつくと私は、奥さんと男女の関係になることばかり考えていました。そして、とうとう言ってしまったんです。

「よかったら、今日はボクの部屋に来ませんか？　おいしいワインがあるんで」

奥さんは少し考えてから、恥ずかしそうに了承してくれました。

「……あの、ええと……じゃあ、ちょっとだけ」

しばらく前から考えていた計画的なお誘いだったので、部屋は入念に掃除しておいたのですが、まさか本当に来てくれるとは思っていませんでした。

「殺風景な部屋ですけど、お入りください」

部屋は十年以上住んでいる、1LDKの賃貸マンションです。

「まあ、お一人暮らしなのに、とてもきれいにされてるんですね」

実際にワインも用意してあったのですが、変な間が空いたら何もできなくなってしまいそうで、私は部屋に入ったとたん、立ったまま奥さんを抱き寄せました。

「あっ……そんな、小早川さん！」

奥さんは驚いたようですが、拒むことなく身を預けてくれました。

抱き締めた肩が思いのほか華奢で、心が揺さぶられました。その日、奥さんは女らしいワンピースに身を包んでいました。その背中をなでながら耳元に顔を寄せると、
石鹸のように甘く清潔な香りが、鼻腔の奥まで満ちてきました。

ソフトウエーブのかかったロングヘアーからのぞく、かわいらしい耳に息を吹きかけると、奥さんが「あんっ」と肩をすぼめました。小ぶりな耳たぶを唇で挟み、耳の穴に舌先を這わせていくと、抱き締めた体が痙攣するように震えました。

「イヤ……はッ、あん、はうぅっ」

奥さんの透き通るようなため息が、私の鼓膜を興奮させました。たまらずギュッと

抱き締めると、胸の間で押し潰された豊かな乳房の感触が伝わってきました。思わず手をねじ込んでグイッともむと、「はうッ」と奥さんの頭がのけぞりました。

手のひらに余るほど大きく、水風船のように柔らかい弾力に満ちた乳房を、興奮した私がグイグイともんでいると、奥さんがこう囁《ささや》きました。

「小早川さん、やっと、その気になってくれたんですね」

そして、私の首に両腕を回してきたんです

「私、誘ってくれるの……ずっと待ってたんですよ」

私の顔が引き寄せられて、唇が重なりました。奥さんの唇は、とろけそうに柔らかくて、心地いい温もりをたたえ、しっとりと濡れていました。そのまま奥さんは右に左に首をかしげて、私の唇を舌で舐めつけ、歯と歯茎の間に這い回らせて、その舌を口腔深くまで突き入れてきたんです。

「ぐちゅう、ジュルル、ブチュ……」

思っている奥さんとは別人のように、いやらしいキスでした。お互いの口の中を絡まり合う舌が何度も行き交いました。ネロネロと音が聞こえそうでした。

すると、あろうことか、私の首にしがみつくようにしていた奥さんの両手が、胸から腹、股間へとすべり下りて、ズボンのテントをすっぽりとおおったんです。

「あぁ、すごい……もうカチカチ」

奥さんの指先は、亀頭の出っ張りを確かめるようにカリの窪みをこすってきました。

右手で敏感な裏筋をなで上げ、左手でペニスの幹を握りしごいてきました。

そして、うるんだ瞳で私を見つめたまま、ズボンのファスナーを開いていったんです。トランクスに亀頭が浮き彫りになって、その先端にシミがにじんでいました。

「ハァ、ハァ、こんなにエッチな汁が……」

奥さんの女らしい指が、トランクス越しの尿道口をグリグリとこねつけました。ウエストゴムをめくってペニスを剝き出し、上から包むように握り込みました。

「やっぱり、小早川さんの……あの人より硬くて、太い」

そう言って、螺旋を描くような手つきで、握ったペニスをしごいてきました。

「お、奥さん……そんなこと……」

そのまま親指で我慢汁を伸ばしながら、すねたようにポツポツと言いました。

「小早川さんが悪いんですよ。いくら最近、あの人がかまってくれないからって、私は、こんなことするつもりなんてなかったんですから」

さっきは、「誘ってくれるのを待っていた」と言っていたのに……。

私は脳みそをかき回されるような気分でした。

すると、奥さんがペニスを愛撫しながら、つぶらな瞳で私をジッと見つめてきました。そのままうつむき、唇をポッと開くと、ツーッと糸を引いて唾液が滴り落ちました。ペニスめがけて何度もこぼれ落ちていった唾液を、奥さんはその下で手のひらを広げて受け止め、たっぷりとペニスにまぶしつけてきたんです。

「こんなに大きくして、いやらしい……」

そして奥さんは左手で亀頭を包み、唾液で磨くようにこね回しながら、右手でペニスをしごいてきました。グチャッ、グチャッと淫らな音が響き渡りました。

「くうっ、奥さん……気持ちいい」

ずっと、奥さんは私の目を見つめていました。

もう一度、ツーッと唾液を滴らせると、訴えるようにこう言いました。

「ねえ、私、もう……我慢できない」

すぐさま、きれいに爪を切りそろえた指が、ゆっくりとワンピースの裾を持ち上げていったんです。抜けるように白い太腿の生肌が現われ、セクシーなランジェリーショーツが顔をのぞかせてきました。上品なワンピースの裾をまくって、なまなましい下半身を露にした奥さんのなまめかしい姿は、背筋が痺れるほどエロティックでした。

しかも、セクシーなショーツもスルスルと脱ぎ去ってしまったんです。

「はやく、小早川さんが……欲しい」

傍には、私が部屋にいるときはほとんどそこに座っている、大きなソファがありました。奥さんが、ワンピースの裾を下腹部のあたりに抱えたまま、そこに腰をおろして、両足をソファの上に持ち上げました。

「入れて、ここに……」

のぞこうとしなくても、遮るものが何もありませんでした。M字に開いた脚の中央に薄めの陰毛が生えそろい、ヌラヌラと濡れ光るヴァギナが、ぱっくりと口を開けていました。私は鼻の奥がツンとするほど興奮しました。

「こ、こんな格好で……入れるの？」

私がズボンとトランクスを脱ぎ捨てながら、上擦った声で尋ねると、奥さんは透き通った声で、「入るところが、見たいの」と答えました。

私は心臓が破裂しそうなほど高鳴るのを感じながら、腰を落とし、相撲の四股のように両脚を踏ん張って、M字の中心にペニスを近づけていきました。奥さんも迎え入れるように、股間を突き出してきました。

ヴァギナの真ん前で、亀頭がビクッ、ビクッと弾みました。スッと手を伸ばした奥さんが、ペニスを握って亀頭をヌルヌルの割れ目に擦りつけました。

「あぁっ……いやらしい」

サーモンピンクの小陰唇が、亀頭にまとわりつく様子が丸見えでした。

「小早川さん、このまま……早く入れて」

私がゆっくりと腰を突き出すと、張りつめたカリ首の圧力で膣口が押し広がり、大陰唇の肉が盛り上がりました。次の瞬間、亀頭がヌメリッと膣内に埋まって、ペニスが一気に根元までヴァギナの中に吞み込まれていきました。

「あぁぁあっ、すごい……そんなに奥まで」

奥さんのつぶらな瞳が、挿入の様子を見据えて離れませんでした。私はその視線を意識して、見せつけるように出し入れしました。カリ首が姿を現すまで腰を引いてから、ゆっくりとペニスの根元まで膣の中に沈め込んでいったんです。

「見える、見えるわ……あんなに、出たり入ったり」

私が徐々に出し入れのスピードを増すと、溢れ出した愛液が、ペニスと小陰唇の間際でブチュブチュと泡立ち、奥さんのお尻に滴り流れていきました。

「い、い、いやらしぃ……私の……ああっ!」

私は奥さんの足首をつかんで、両脚をM字からさらに大胆なV字に広げ、前後に振りつける腰の動きで、出し入れのテンポを上げていきました。自分でも驚くほど腰を動かせるようになっていたのは、ジム通いの成果なのかもしれません。

「ンググ、あうッ、いぃ、興奮しちゃう！」

奥さんは我を忘れたように嬌声を発しながら、愛液まみれの挿入部分と私の顔に、視線を行ったり来たりさせていました。すると突然、V字の間から挿入部分に手を伸ばし、膣口に出入りするペニスに指を絡みつかせたんです。

「あッ、あッ……小早川さんのチ○ポが、私のオマ○コに！」

私は耳を疑いました。十数年前から密かにあこがれていた親友の奥さんが、普段の自分をかなぐり捨てて、そんな言葉を口走るなんて。

「行くよ、奥さん！」

何年ぶりかわからないほどの激しい衝動が私の中にわき上がり、さらに強烈に腰を前後させました。すぐに奥さんの下半身も同調して、下から激しく突き上げるようにこたえてくれました。ソフトウェーブのかかったロングヘアーを振り乱しながら。

「だめっ、イク、あっ、イッ、イッちゃう！」

「奥さん、こ、このまま出すよ……」

「出して！　イクッ、あぁあっ、いっしょに！」

尿道口が破裂しそうな勢いで、ザーメンが飛び出しました。二度、三度と射精するたびに、奥さんの細いウエストがキュン、キュンとそり返りました。

「いいっ、奥に熱いのが当たってる！」

急激な放出感に私は両脚が痺れて、腰が抜けそうでした。奥さんはしばらくの間、ビクッ、ビクッと全身を痙攣させてから、深く息をしてこう言ったんです。

「恥ずかしい、私、こんなに感じちゃって……でも、もっとしたい」

そして立ち上がると、上半身にまとっていたワンピースを脱ぎ捨てました。

奥さんのオールヌードは、週刊誌のグラビアなど比べ物にならないほど美しくなまましいものでした。きめ細かい肌が火照って桜色に染まり、たわわなバストの頂点で、乳首がツンと上を向いていました。細いウエストと豊かなヒップが、なめらかで大きい凹凸を描いて、すらりと美しい脚に続いていました。そのすべてが汗でコーティングされて、ヌルヌルに光っていたのです。

「ねえ、小早川さんも、はやく……」

促された私も、あわてて全裸になって立ち上がりました。

するると奥さんが、甘えるように私に寄り添ってきました。

「私たち、セックスしちゃったわね」

「えっ……あ、うん」

「これからも、するの？」

「そ、それは、あの……奥さんがいいなら」

「そんなの、ズルイ！」と、かわいらしく怒ったふりをした奥さんが、おとなしくなったペニスに手を伸ばしてきました。そして、やさしい手つきで愛撫しながら、私の胸板にキスをして、乳首を舐め回し、鎖骨から首筋に舌を這わせてきたんです。

「いっぱいして。いっぱい、エッチなことして……」

そう囁いてしゃがんだ奥さんは、私の股間に顔を近づけて、しぼんだペニスにチュッ、チュッとキスをしました。それから唇を大きく開き、突き出した舌を円を描くように動かして、太腿のつけ根から睾丸、垂れ下がった亀頭の表面と舐め回してきました。

「小早川さんのチ○ポ、これからもいっぱい入れて……」

すると射精したばかりだというのに、ペニスにグッと芯が入っていったんです。

奥さんはうれしそうな笑みを浮かべて、半勃ちのペニスをぱっくりと咥え、その口の中で亀頭に絡めるように舌を動かしてきました。そのまま口腔いっぱいに唾液を溜めて、ジュブッ、ジュブッとピストンのようにフェラチオを繰り返しました。

生温かい心地よさの中に出し入れされるたびに、ペニスはどんどん硬度を取り戻していきました。そんなに短時間で続けて勃起するなんて、二十代以来だったかもしれません。やがて亀頭は、完全に上を向いていました。

「ウフッ……また、できそうだね」

立ち上がった奥さんは、むさぼるようなキスをしてきました。私たちはしばらくの間、全裸で抱き合い、口角を泡立たせて、淫らなベーゼに没頭しました。

「ねえ、小早川さん……私がエッチで、驚いてるんじゃない？」

「えっ、そ、そんなこと……ないよ」

「ううん、すごくエッチなの。たぶん、小早川さんが思ってるよりずっと……」

そう言うと、奥さんはソファの前に置いてあるローテーブルに両手を着いて、立ちバックの体勢でお尻を突き出してきたんです。

「今度は、立ったまま後ろから……入れて」

私が見事な量感の魅惑的なヒップの背後に立つと、太腿の間からスッと奥さんの指が伸びてきて、愛液が滴るほどに濡れたヴァギナに亀頭を宛がいました。

「このまま、腰を突き出して、激しくして！」

私は尻の筋肉をギュッと締めて、打ちつけるようにペニスを突き出しました。ズブッと音がするほどの勢いで、いちばん太いカリ首までが、熱い膣内に埋まっていきました。

「あぁっ、きたっ……いっぱい、いっぱい突いて！」

奥さんの要望にこたえるように、ペニスでヴァギナを突き刺しました。振幅の大きいストロークで出し入れしながら、立ちバックの体勢で身悶える奥さんにおおい被さって、腋の下から両手を差し込み、豊満な乳房をもみしだきました。

「あっ、ん……いいっ、こういうのも好きよ！」

指が埋まるほど乳房をグイグイともむと、マシュマロのような柔らかさの奥にエッチな弾力が満ちていました。もみくちゃにしながらペニスを出し入れしました。

「あ、あ、ああッ……犯されてるみたいで、興奮しちゃう！」

奥さんはソフトウェーブのロングヘアーを振り乱して、ヒップを張りつめ、激しいペニスの突き入れを受け止めていました。私はウエストのくびれを両手でつかみ、がに股に踏ん張って、速くて大きいピストンを繰り返しました。

「ああっ！　くるぅ、奥までくるぅっ！」

私も奥さんも全身から汗が噴き出していました。つかんだ奥さんのウエストがヌルヌルにすべり、私の下腹部が奥さんのヒップに打ち当たるたびに、湿った音が響き渡りました。むっちりと指に吸いつくお尻の肉をこね回しながら、私はさらに打ち込みを強くしていきました。奥さんのなまめかしい肢体に力がみなぎっていました。

「す、すごい……激し、いいぃぃッ！」

リズミカルに収縮する奥さんの膣粘膜が、ペニスを隅々まで締めつけてきました。それほど長く挿入していたわけではないのに、しかも続けざまの二発目だというのに、腰回りに射精の予兆が渦巻き、睾丸がキューッと上がってきました。強烈な快感に脳みそが痺れ、もう我慢などできそうにありませんでした。

「奥さん、また、このままイキます！」

「うん、うん……私も、イク。すごい、あぅ……イクッ！」

奥さんがヒップを突き出しながら、天井を向くほど顔をのけぞらせました。

「あぁぁあっ、イッ、イッ、イクゥゥーッ！」

一発目にも増して大量のザーメンを、奥さんのヴァギナに放出しました。


もちろん、いまでも私と奥さんの秘めたふしだらな関係は続いています。ときどき奥さんは、前戯の最中に「昨日、久しぶりに……あの人に抱かれたわ」などと言って、私を挑発するんです。それが事実なのか、奥さんの手口なのかはわかりませんが、自分でも驚くほど発奮してしまうんです。

不況で仕事と家を失った寂しい男……居候先の淫乱熟妻に過激な肉体奉仕！

橋本清隆　会社員・三十歳

私は昨年、派遣切りにあい、住んでいた寮を追い出されるはめになりました。なにぶん急だったので、仕事だけでなく、大急ぎで次の住む場所を探さなければなりません。しかし、手持ちの金も少なく、途方に暮れていました。

そんなときに声をかけてくれたのが、前の職場でお世話になっていた、先輩の金子《かねこ》さんでした。

先輩は四十二歳の既婚者で一軒家に住んでいます。まだ子どもがいないので部屋が余っているらしく、落ち着くまで家に来いと誘ってくれたのです。

私にとっては渡りに船の話でした。しかも家賃は不要で食費だけを払えばいいというので、すぐに荷物を運んで居候をさせてもらいました。

先輩の奥さんは、美咲《みさき》さんという名前で四十歳になったばかりです。美人で性格も明るく、突然やってきた私を快《こころよ》く迎え入れてくれました。

実は先輩と奥さんは、なかなか子どもができないので、ここ数年は険悪な空気になっていたようです。

私は居候をするようになってから、初めてそのことを知りました。不妊治療を試すかどうかでもケンカになり、私を家に置いてクッション代わりにしたかったようです。最初は夫婦のギスギスした空気にいたたまれないものを感じていましたが、すぐに奥さんとも打ち解けることができました。

「橋本《はしもと》くんが来てくれて、ほんとうに助かったわ。うちの人と二人きりだと、しょっちゅう言い争いになるんだもの……」

そうで言ってもらえて、私も厄介者《やっかいもの》扱いをされずにホッとしていました。ずいぶん気に入られたらしく、「このまま家族の一員になっていっしょに暮らしてもいいよ」とまで言ってくれました。

しかしその一方で、私は先輩の秘密も知っていたのです。

どうやら先輩にはよそに浮気相手が出来たらしく、私だけにそのことを打ち明けてくれました。

先輩が言うには、妊活というのは精神的な負担が大きく、自分はただの生殖器扱いされていると感じるようなのです。それなのに、奥さんからは毎晩のように求められつづけ、もはやセックスが仕事のようだと言っていました。

そうは言われても、独身の私にとっては、あんなきれいな奥さんとセックスができるというだけで、うらやましい話にしか聞こえませんでした。

私よりも十歳年上ですが、体つきは色っぽいし胸もお尻もボリュームたっぷりです。先輩の奥さんでなければ、過ちを犯してしまいそうでした。

実際、部屋に一人でいるときは、奥さんを思い浮かべながらオナニーをして性欲を発散していました。たまにお風呂上がりの薄着姿に出くわすと、ドキッとしてつい見とれてしまいそうになります。

そんな生活を続けながらも、私は就活も忘れてはいませんでした。早く次の仕事を見つけなければと、あせりながらいくつもの企業の面接を受け、ようやく一社から採用の通知を受け取ることができました。

私はそのことを、先輩ではなく真っ先に奥さんに知らせました。先輩は仕事中で家には不在だったのです。

「よかったじゃない。おめでとう!」

テーブルでお茶を飲んでいた奥さんは、まるで自分のことのように喜んでくれました。

もちろん私も同じ気持ちでしたが、一つだけ残念なことがありました。それは仕事が決まってしまえば、この家からも出ていかなければならなくなるからです。

しかし奥さんは、ちかぢか引っ越しの準備を始めるという私に、こう言ってくれました。

「出ていっちゃうの？　ずっといてもいいのに……さびしくなっちゃうじゃない」

「いや、さすがにいつまでもお世話になっているわけにもいきませんから……」

歓迎されているとはいえ、あくまで私は居候にしかすぎません。いつまでも、先輩の厚意に甘えているわけにもいかないのです。

しかし奥さんは、先輩と二人きりの生活に戻って、またギスギスした暮らしになってしまうことを心配していたようでした。

何度も引き止められましたが、私の気持ちも変わりませんでした。

すると奥さんは、立ち上がって私のすぐそばに近づいてきたのです。

「ねぇ、お願い。考え直して……」

そう甘い声を出してきたかと思うと、じっと私の目を見つめてきました。

それだけではありません。私の腕に体をもたれさせ、豊満な胸を押しつけてきたのです。

「えっ⁉　あの……」

偶然にあたったのではなく、明らかにわざと体を密着させていました。

彼女もおらず風俗に行く金もない私は、もう何年も女性の体にふれていません。それだけに、ふくよかな胸の感触は強烈でした。

「無理しなくてもいいのよ。橋本くんだって、ほんとうは私とエッチしたくてずっと我慢してたんでしょう?」

まるで私の心を見透かしていたかのようでした。もしかして、私がいやらしい目で見つめていたことも、とっくに気づいていたのかもしれません。

しかし私は、奥さんの誘惑に必死に耐えました。ここで手を出してしまえば、お世話になってきた先輩に申しわけが立たないからです。

「これでも、まだ出ていくつもり?」

すると、じれったくなったのか、とうとう奥さんは私の目の前で服を脱ぎだしました。あっという間にブラジャーとショーツだけになり、ブラジャーも下から引っぱり上げてしまいました。

ぶるんと大きな胸がこぼれ落ちてきます。軽く九十センチは越えてそうな巨乳を、惜しげもなく私に見せつけてきたのです。

「いいのよ、好きにしても……ほら、遠慮しないで」

そう言うと、強引に私の手を取って、胸をさわらせてきました。

手のひらからはみ出してしまいそうなふくらみが、形を変えて弾んでいました。これまで味わったことのない、たっぷりと重みのあるやわらかさです。

さらに奥さんは私の体にもたれかかり、唇を押しつけてきたのです。

豊かな胸をもみながら、奥さんのねっとりとしたキスを浴びている私は、もうたまらなくなりました。

「ンンッ……」

私から舌を絡みつかせると、奥さんも悦んで応じてきます。色っぽい吐息を出しながら、負けじと私の舌を舐め尽くしました。

ようやく奥さんが唇を離してくれたときは、興奮が抑えきれないところまで来ていました。

「やっとその気になってくれたみたいね……あなたがここに来てから、いつ襲ってきてくれるか、ずっと待ってたのよ」

私以上に奥さんが張り切っているところを見ると、どうやらかなり欲求不満だったようです。

　こうなれば、私も覚悟を決めるしかありません。いったん先輩のことは忘れ、目の前のご褒美に飛びつくことにしました。

　それにしても奥さんの体は、見ているだけで色気に呑まれてしまいそうです。

　全身がムチムチと肉づきがよく、特に胸のボリューム感はたまりません。おまけに肌から甘ったるい匂いまでただよってきます。

　私は吸い寄せられるように顔を胸に近づけ、ふくらみごと乳首を口に含みました。

「んっ、あん」

　乳首に強く吸いつくと、奥さんの口から喘ぎ声が洩れてきます。

　ぷっくりと大きな乳首は、舌を絡めやすく舐めごたえがありました。レロレロと舐めたり吸ったりするうちに、さらに硬くふくらんできました。

　すっかり私は奥さんの胸の愛撫に夢中になってしまい、ここがリビングであることも忘れてしまいました。

「ねぇ、もっと落ち着ける場所に移りましょう」

　奥さんはそう言うと私の手を引いて、自分たちの寝室へ引っぱり込みました。

　夫婦でセックスを行う場所なので、もちろん一度も入ったことはありません。部屋の真ん中にはダブルベッドがあり、薄暗い明りが灯っていました。

ベッドに座らされた私は、あらためて奥さんの体と向かい合いました。

「ふふっ。なんだかこうしていると、初夜を迎える新婚夫婦みたいね」

そう奥さんは笑っていますが、私にはそんな余裕はありません。すぐにでも抱きたくて待ちきれない気分です。

次に私が手を伸ばそうとしたのは、最後に残っていたショーツでした。

奥さんがいったいどんなあそこをしているのか、ずっと気になっていました。わずかに盛り上がった股間の部分が、いやらしさをかもし出しています。

ところが私が脱がせるよりも先に、奥さんの手が自分からショーツをおろしてしまいました。

「さっきから、ここばかり見てたものね。こうしたらよく見える？」

自分でわざわざ大股開きになって、股間をさらけ出してくれたのです。

奥さんのあそこは、想像よりもはるかに毛深くていやらしい形をしていました。

こんもりとした土手に広がっている毛は量も多く、濃密な蒸れた匂いでした。クリトリスの大きさも、まださわってもいないのに小指ぐらいのサイズになっています。

「そんなにジロジロ見られると、濡れてきちゃいそう……」

私が股間をのぞき込んでいると、奥さんまで興奮してきたようでした。自分で言っていたように、あそこの中身がじんわりと濡れてきていました。

私は指で透明な液をすくい、あそこにの内側にこすりつけました。

「はんっ……ああんっ！」

軽く上下に指を動かしただけで、大きな声が出てしまうほどの反応です。

さらに指をもぐり込ませると、穴の奥までねっとりと湿っていました。とても熱くて指をキュッキュッと締めつけてきます。

「あんっ、そこ……気持ちいいっ！」

根元まで入れた指を動かしてやると、喘ぎ声もいちだんと色っぽくなりました。

奥さんはただ濡れやすく敏感なだけではありません。締まりのよさや、指にまとわりついてくる感触から、とても具合のいい膣だとわかりました。

ついでにクリトリスもいじってみると、今度は「ああんっ！」と体をよじります。

「ダメ……そんなにされると、おかしくなりそう」

奥さんがそう言っても、私はさらに激しく手を動かしつづけました。

いつの間にか私の指だけでなく、手のひらまでびしょ濡れになっています。何度も膣をえぐっているうちに、愛液もいっしょにかき出していたのです。

とうとう奥さんが「イッちゃう、イッちゃうから！」と声を出すと、私はとどめの一突きを与えてやりました。

「ああっ……イク、イク、ああっ！」

そう叫びながら体をヒクつかせ、あっけなくイッてしまったのです。

私が指を抜いてやったときには、奥さんはもう喘ぎ疲れてグッタリしていました。

「ああ……あんなにイッちゃったの久しぶり。ちょっと休憩させて」

そんなことを言いつつ、奥さんの手は私の下半身に伸びてきています。

「あっ、すごい！　こんなに硬くなってる」

するとズボンの上から勃起したペニスをさわったとたんに、急に元気になって私の股間に迫ってきました。

「早く、早く脱いで」

「あっ、はい」

私は奥さんに急かされながら、ズボンと下着を脱ぎました。

ペニスを取り出すと、奥さんは目を輝かせていました。私は若いころから勃起した角度だけは自信があり、ペニスが鋭く上を向いていたからです。

「こんなに元気なのに、いつも一人で処理してたの？　もったいない」

そう言いながら、いきなり亀頭に口をつけてきたのです。

まったく躊躇《ちゅうちょ》しないどころか、あたりまえのようにフェラチオを始めたので私は驚きました。

奥さんは唇をペニスにこすりつけながら、舌を出して舐めてきます。亀頭から裏筋を通って、根元まで舌が下りてきました。

「せっかくだから、私のテクニックを見せてあげる。いっぱい気持ちよくしてあげるから……」

いったん舌を止めると、奥さんは自信たっぷりに私に言いました。

そして今度はすっぽりとペニスを口に含み、唇を締めつけてきます。

「おおっ」

思わずそううなってしまうほど、快感が股間から広がってきました。

口の中では舌が忙しく動き回っていました。亀頭を舐めて転がしたり、ザラついた舌腹をこすりつけてきたり、ペニスのあらゆる場所にに刺激を与えてきます。

さらに奥さんの唇はゆっくりと上下に往復し、唾液も洩れないようにペニスを包み込んでいました。

「ああ……すごくいい気持ちです」

私がそう本音を洩らすと、奥さんはとてもうれしそうにしていました。

「ほんとう？　じゃあ、もっとサービスしてあげる」

するとこれまで以上に、激しく口を動かしはじめたのです。

困ったことに、奥さんが本気を出せば出すほど、私は追い詰められていきました。快感に耐えきれず、射精がすぐそこまで迫ってきました。

「待ってください。もう出そうです……」

さすがにこれ以上は無理というところで、私はあわてて奥さんに言いました。

しかし奥さんは、まったくフェラチオを止める気配がありません。それどころか口を動かすスピードをさらに上げてきたのです。

こらえきれなくなった私は、快感に押し流されるまま、とうとう口の中に射精してしまいました。

ドクドクと弾けるように精液が溢れてきます。腰から下が溶けてしまいそうでした。

「ンン……」

奥さんは私が射精している間も、ペニスを咥えたままです。苦しそうに顔をしかめつつも、精液をきっちり搾り取ってくれました。

ようやく口が離れたときには、私はすっかり溜まっていたものを吸い取られ、気が抜けた状態でした。

「どう、すごかったでしょ？　私って男の人を口でイカせるのが好きなの」

そう誇らしげに、奥さんは言いました。

私を射精させたのも、ちゃんとわかってやったことだったのです。しかも精液まで飲んでくれるというサービスつきでした。

こんなエッチな奥さんがいたら、私だったら毎晩のように相手にしていたでしょう。それなのに浮気に走る先輩が、ますます理解できませんでした。

これでお互い相手を一回ずつイカせたことになり、あとは本番だけです。

奥さんは私が再び勃起するのを待ってから、いよいよセックスを誘ってきました。

「私はゴムをつけなくてもいいけど、橋本くんはどうする？」

「えっ……生でしてもいいんですか？」

まさかの選択に、思わず聞き返してしまいました。

「だって、いくらセックスしても妊娠しないんだもの。もし出来ちゃったら、逆にお祝いしてもいいくらいなのに」

言われてみれば、不妊に悩んでいる奥さんには、避妊なんてむしろよけいなことなのかもしれません。

ならば迷うことはありません。私は奥さんとの生セックスを選択しました。

「やっぱり……そっちのほうが、気持ちいいものね」

ニンマリとしながら待つ奥さんに、私は正常位の形で挑みました。

いざ挿入となると、さっき射精したばかりだというのに、興奮はさらに高まってきます。濡れた膣にペニスを押し当て、そのまま一気に貫きました。

「ああんっ！」

亀頭が穴の奥に届くまで、あっという間でした。

奥さんが喘ぎ声を出すと、私までぬかるんだ感触に声を出しそうになりました。

指を挿入したときに味わったように、中は熱くてヌルヌルしています。しかも全体が締めつけてくるので、たまらない気持ちよさでした。

「犯して、いっぱい……私のことメチャクチャにして！」

奥さんも私に抱かれて、これまでになくいやらしい顔をしています。

下から腰を煽ってくるので、私も遠慮なくペニスを突き入れてやりました。優しくしても物足りないだろうと思い、最初から激しくしてやったのです。

「ああんっ！　いっ、いいっ、もっとちょうだいっ！」

すると思っていたとおり、奥さんは私の下で身悶えしながら喘いでいました。

もともと、乱暴に抱かれたい願望があったのかもしれません。それに夫婦だと、かえって遠慮してしまい、なかなか言い出せないこともあるでしょう。

私が相手だと、奥さんも思う存分に自分をさらけ出すことができたようです。

「ひっ、ああっ！　すごいっ、もう……あひぃっ！」

私が腰を突き入れるたびに奥さんはよがりつづけ、声もだんだんと悲鳴に近くなってきました。

あまりのすさまじさに私も圧倒されていましたが、それでいてしっかりと腰を振りつづけていました。

なにしろ奥さんの体は、抱き心地が抜群なのです。むっちりとした肌の柔らかさだけでなく、膣内の締まりとぬかるみ具合のとりこになっていました。

このまま終わらせるのがもったいないぐらいなのに、もうすぐそこまで射精が迫ってきていました。

「そろそろイキそうです……」

私がそう言うと、奥さんもすぐに反応しました。

「いいのよ……中に出しても。抱いてくれたお礼に、全部受け止めてあげる」

その言葉で興奮に火がついた私は、遠慮なく膣内に射精させてもらいました。

奥さんの体を下敷きにしたまま、しばらく動きを止めて快感が通り過ぎるのを待ちます。出し終えてペニスを抜いてしまうまでに、たっぷり時間をかけました。

立てつづけに二度の射精で疲れ果てていた私に、奥さんはケロリとして「もう一回してもいいのよ」と迫ってきました。

さすがに私も、スタミナが残っていなかったのでギブアップです……。

結局、私は奥さんの頼みを断れず、この家に居候を続けることになってしまいました。

先輩はというと、相変わらず浮気中で奥さんとの関係は冷めたままです。奥さんも先輩と疎遠なのをいいことに、毎日のように私を寝室へ誘ってきます。

もしかして先輩は、私と奥さんの関係を知っていて、奥さんの相手を私に任せているのかもしれません。

私がこの家から離れられるのは、まだまだ先の話になりそうです。

気弱な部下を漢にしてやりたいと思い愛する妻を性の生贄として捧げ……

江尻芳樹　会社員・四十二歳

三年ほど前のことです。私には息子ぐらいの歳の部下、佐藤翔太《さとうしょうた》君がいました。そして息子のようにかわいがっていました。しかし、有能で手放したくなかったからではありません。逆です。おそろしく使えないヤツだったのです。

「『何度も同じことを言わせるな』というセリフを何度も言わせるな！」

ほかの社員の前で部下を怒鳴るなど、本来管理職にあってはならないことですが、周囲は部下ではなく私に同情していました。同時に、私だけがその子をだましだまし扱えるのを知っているので、押しつけられることを恐れ、見て見ぬフリをするのです。

「ようするに、かわいくてたまらないんでしょう、佐藤君が？」

家でそのことを妻に愚痴ったときも、そんなふうに笑われる始末でした。

「うちは女の子二人だったから、ちょっとうれしいんでしょう、息子ができて」

バカを言え、と話題を打ち切るのでしたが、内心でちょっとうなずいていました。

「この前、説明したじゃないか！　なんでこんな大事なことを忘れるんだ！」

そのときも強い口調で叱っていました。

いつもは神妙に聞いている佐藤君でしたが、ちょっと強く言いすぎたのか、目に涙を浮かべていました。

「ぼく、この仕事、向いてないんでしょうか……やめたほうがいいんでしょうか？」

あわてた様子を出さないよう、トーンはそのままで方向性だけを変えました。

「お前なんか、ほかのどこで使ってもらえるんだ！　うぬぼれるな！」

佐藤君はオロオロと動揺していました。逃げ道を与えなければと私はわざと野卑《やひ》な笑みを浮かべました。

「失敗したこととか、怒られたこととか、溜めすぎなんだよ。帰ったら彼女を抱いてすっぱり忘れるようにしろ！」

彼は顔を上げ、泣きそうな笑みで私を見つめました。

「彼女なんて、いません……いたこともありません」

ちょっと納得しましたが、さすがに口には出しません。

「じゃあ、風俗でも行け！」

「あんなところ、怖くて……」

「メンドくせぇやつだ」

つい気の抜けた失笑が洩れてしまいました。

「どんな女の子が好みなんだ？」

たい対して興味はありませんでしたが、話の流れで聞いていました。

「あの……なにを言っても怒られるので、言ってしまいます」

「ん？」

「ぼくの女性の好みは、部長の奥さんです」

彼のしでかした失敗のすべてを含めても、こんなに驚いたのは初めてでした。

どんな顔をしていいのかわからない私に対して、彼はむしろ開き直った表情で私を見上げていました。

「……聞かなかったことにしてやる」

そう言うのがやっとでした。


「あら！　光栄ね。お話相手ぐらいならしてあげるわよ」

家に帰ると、妻はまんざらではない様子でした。

「じゃあ今度、家に連れてくるか。俺は遠慮して空けたほうがいいか？」

「そうね。スマホを持っていてね。襲われそうになったら電話するから。大丈夫と思うけど」

妻はクスクスとおかしそうに笑いました。

私はちょっと懸念していました。もし妻と佐藤君が二人きりになって、何かまちがいがあったとしても、妻は受け入れてしまうのではない、と。

ある野卑な考えが浮かび、佐藤君が来るまでに確認しておきました。

その年の三年ほど前に空き巣に入られたことがあり、用心していくつかの部屋に、カメラを仕込んでいたのです。そしてそのことを、妻は知らないのです。

妻を試すようで一抹の後ろめたさはありましたが、私の知らない妻の側面が見られるかもしれないと思うと、経験のない下卑《げび》た好奇心が芽生えたものでした。

家に呼ぶと、佐藤君はそれだけでオロオロとしてました。

「あの、ぼく……やっぱりご迷惑じゃないですか？」

「お前、それが家の前まで来て言うセリフかよ」

声を聞いたのか、妻が内側からドアを開けました。

「いらっしゃい。去年の会社のパーティ以来ね。どうぞ上がって」

妻は私の顔をほとんど見ず、腕をとるように佐藤君を家に上げました。

「じゃあ俺は、個人的な知り合いと飲みにいってくるから」

「あとは任せて」と言う妻の視線を受け、私はその場で回れ右をしました。

ドアが閉じられると、言いようのない不安を覚えました。

私は家のすぐ近くのコーヒーショップに入りました。万が一のとき、すぐに家まで駆けつけられるようにと、妻がそこを指定したのです。

コーヒーショップに入ると、タブレットを起動しました。

妻には、連絡がない限り、文庫本を読んで時間をつぶすと伝えていました。

佐藤君を呼ぶ日取りが決まったとき、私は妻がいないときに、リビングといくつかの部屋に、カメラと盗聴器を仕掛けていました。

タブレットのディスプレイには、リビングの上部に仕掛けたカメラの画像が映っていました。コードレスイヤホンを着け、音声も拾いました。

『よく来たわね。いつも、うちの人にいじめられてるんでしょう?』

『いえ……あそこまでぼくの相手をしてくれるのは江尻《えじり》部長だけで、むしろうれしいんです……』

泣かせるじゃないか、とニヤニヤしながらモニターを見つめていました。

『カノジョもいないのよね。いろいろ溜まってるんじゃないの？』

『……それ、部長にも言われました』

『聞いたわよ。私が好みだって。うふふ、オバサンをからかっちゃいけないわ』

ソファにかしこまって座り、ガチガチになっている佐藤君に対し、妻はずいぶんラフな姿勢で接していました。

座面の低いソファに座るとき、いつもはそろえた膝の上に手を置き、さりげなくスカートを守るのですが、ジェスチャーを交えた手はあちこちに振り回し、大きな仕草に合わせて膝も開き気味になっていました。

『からかってなんかいません。ぼくはの奥さんが……』

緊張しながらも、佐藤君は妻に向かってムキになって言いました。

『あら、困ったわね。どうしたらいいのかしら？』

妻は顎に人差し指をやり、問いかけるようなわざとらしい仕草をしました。見慣れた室内着のスカートですが、姿勢のためにスカートのすそは膝の上にずり上がっており、両方の膝はもう肩幅ぐらいに開いていました。

そして、佐藤君のまなざしは、妻の視線をくぐるような上目づかいで、妻のスカートのすそにくぎづけになっていました。

ふだんの妻は、家でもだらしない格好はしません。特別な意図があるとしか思えませんでした。

怒りとともに、経験したことのない感情を覚えました。

頼りない男性部下を誘惑する我が妻。普通ならここでコーヒーショップを飛び出し、すぐに家に戻って、悪い予想を止めなければならないところでしょう。

しかし、私はそうはしませんでした。

妻と佐藤君の動きに、それこそくぎづけになっていたのです。

『佐藤さんね、ちょっと思いきりが必要なんだと思うわ』

妻は片脚を大きく振り上げ、脚を組みました。カメラは上にあるので見えませんが、佐藤君の視線からは、ふとももの奥まで丸見えだったでしょう。

『思いきり……ですか?』

『我慢ばかりしてちゃダメ。好きな人がいるなら、少々強引なことをするのも手だわ。まあ、相手にもよるけどね……』

ものの十秒ほども沈黙がありました。利口とはいえず、意志も弱い佐藤君は、妻の意図を察しても、すぐに自分の頭で消化できなかったのでしょう。

『それは、ぼくが、奥さんと……?』

『ほら、それよ。そんなことを女性に言わせないの。あなたの意志次第なのよ』

『でも、奥さんは、部長の……』

『一分前に言ったことを忘れたの？　強引というヒントを与えたわよね？』

冷たくなったコーヒーはすっかり忘れ、私は画面に見入っていました。タブレットの向こうで露になる妻の裏切りに、ほとんど息まで止めていました。

そしてなぜか、着衣の下で、ペニスはカチカチに勃起してしまいました。自分でどう解釈していいのか、もうまったくわかりませんでした。

「よせ、やめろ」という私と「二人とも早く脱げ」という私が、頭の中に混在していたのです。気に入ったシチュエーションの、ＡＶを見ているような気分でした。

『佐藤さん、あなた、さっきから私のスカートのすそをチラチラ見てるわね。気づいてないと思った？』

『え、いや、その……』

『中を見たいと思ってるの？　うふふ、怒らないから言ってごらんなさい』

『は、はい……』

『正直でいいわ。見るだけじゃなくて、さわってみたいとも思ってる？』

最後の『る』だけをトーンを上げ、小首をかしげました。

『はい……』

妻はソファの自分の横の座面を、軽く二度ふれました。

ロボットのようなぎこちない動きで、佐藤君は妻の真横に来ました。肩をすくめた佐藤君は、母親に叱られている子どもみたいでした。

『どこを向いてるの。私はここよ。あなたのふれたいところはここじゃないの？』

妻はそっと佐藤君の手首をつかみ、自分の膝に導きました。精度の高くない画像と不十分な音声なのに、佐藤君が喉を鳴らす音まで聞こえてきました。

『それとも、ここかしら？』

もったいぶった動きで、妻は佐藤君の手を自分の胸に持っていきました。

『お……奥さん』

『こぉら、女の胸にさわっているときに、そんな怖い顔しないの』

裏切られた思いとともに、私の知らない妻の一面がのぞけたような気がして、説明のしにくい高揚感を覚えました。

『やわらかいでしょ？　自分で確かめていいのよ……』

妻がそっと手を離すと、佐藤君はおっかなびっくりの所作で、着衣の上から妻の胸をもみました。

『ホントだ……すごくやわらかいです』

『ほら、おっぱいはこっちにもあるのよ』

悩ましい仕草で、妻は胸を突き出しました。佐藤君はソファに腰かけたまま、両手で妻の乳房をもみ込んでいました。

『うふふ』と笑いながら、妻はまた佐藤君の手を取りました。そして再び、その手を自分の膝に置かせました。膝と膝は肩幅ぐらいに開いたままでした。

そのまま、佐藤君の手をゆっくりとスカートの奥に導いていったのです。見下すような笑みの妻と、困り果てたような佐藤君の表情が印象的でした。

『さあ、あとは自分でしたいことを、やってごらんなさい』

音声が拾いにくいほど、小さくて高い声でした。

佐藤君は、自分の意思で、手をスカートの中にもぐり込ませていきました。

私の心はやはり、「人の女房になにしてやがる」という思いと、「その意気だがんばれ」という相反する気持ちが入り混じっていました。

妻が顎を突き出し、一瞬目を閉じました。佐藤君の手が、パンティ越しの性器にふれたのでしょう。私が家を出る前、妻はストッキングをはいていないことを思い出しました。

『佐藤さん、女性とキスをしたこともないのね？』

佐藤君は返事をしません。妻は薄笑みを浮かべたまま、顔を寄せました。

二人は音もなく、唇を重ねました。

ギルティ。映画か小説で覚えた、そんな言葉が頭をよぎりました。

『佐藤さん、立って』

唇を離すと、妻はそう言い、スカートから手を出させて佐藤君を立たせました。

妻は腰かけたまま、立ち上がった佐藤君の股間にそっとふれました。

『あう……』

『ここはちゃんと、硬くなってるじゃない』

勃起しているであろう佐藤君のペニスを、ズボンの上から、小首をかしげて愛おしそうに撫でたのです。

『こっちへいらっしゃい……』

妻は先に立って部屋を出ました。佐藤君もあとをついていきました。

カメラを切り替えました。二人が入ったのは、客用の六畳の和室でした。

いつの間にか、そこに布団が敷いてあったのです。ふだんは、私か妻の両親が来たときに泊まってもらう部屋でした。

最初から布団まで敷いてあったとは、カメラを切り替えるまで知りませんでした。成り行きで仕方なかったのかもしれないと、妻を擁護する気持ちもどこかにあったのですが、疑いもなく計画的犯行だったのです。

妻は肩を一方ずつ、悩ましそうにくねらせて上着を脱ぎました。佐藤君と目を合わせたまま、スカートのホックをはずし、畳に落としました。

『なにぼうっと突っ立ってるの？　あなた、服を着たまますする趣味でもあるの？』

佐藤君は『ああ……』と実に間抜けな声を洩らすと、そそくさと服を脱いでいきました。

妻がシュミーズを脱ぐとき、わざとらしくおっぱいをプルンと揺らしました。

そうしてパンティ一枚になった妻は、膝を広げた正座で布団に腰を落としました。

佐藤君は吸い寄せられるように布団にしゃがみ込み、股間を凝視していました。

『最後の一枚、どうしたいの？』

『ぬ……脱がしたいです』

『じゃあ、お願いね』

妻はそのままあおむけに寝ました。佐藤君は妻のパンティを両手にとり、ゆっくりと脱がしていきました。

パンティが片方の足首を抜けると、妻は両脚を大きく広げました。そうして自分の股間を指差しました。

『ここを、なんて言うか、知ってるわよね？』

『オ』と言ってから、佐藤君はまた、ごくんと喉を鳴らしました。

『オマ○コ……』

『そうよ。あなたを叱ってばかりのイヤな部長さんだけのオマ○コなの。ズルをして、入れてみたいと思わない？』

佐藤君はやはり返事をせず、顔をゆっくりと妻の股間に近づけました。

『ああんっ！　いきなり舐めるなんて。あは……ああんんっ！』

上位者の苦笑を浮かべようとして、妻の声は妙なトーンになっていました。

『これが、女の人の、オマ○コ……部長の奥さんの、オマ○コ！　あああ、ぼく、去年の会社のパーティで奥さんを見たときから、すてきな人だと思ってたんです！　その奥さんのオマ○コを、舐めることができるなんて！』

ディスプレイとイヤホンで状況を拾いながら、私は別の意味で少し引いていました。

佐藤君がこんな大きな声で、こんな長文をしゃべるのを聞くのが、初めてだったからです。

『あん……舐めるの、じょうずじゃない……うふふ、ワンちゃんみたいよ』

自分とのセックスでしか聞かない、妻の喘ぎ声を客観的に聞くというのは、なんとも妙な気分でした。

妻はほんとうに感じているようでした。私自身、ていねいなクンニリングスなど、そんなサービスはここ何年もしていなかったのです。

『さあ、いらっしゃい。セックスを、教えてあげるわ……』

あおむけに寝ながら、妻は両手を差し出し、AV女優もかくやと思えるほど妖艶《ようえん》な笑みを浮かべていました。

部屋の上部に設置したカメラには、妻におおいかぶさる佐藤君が映っていました。

『あああ……佐藤さん、意外に筋肉質なのね』

脂肪太りで悪かったなと、こんな状況で苦笑いが出ました。

妻の手がもぞもぞと動いていました。佐藤君のペニスを自分に導いていたのです。

『んああっ！』

『ここよ。ここが、オマ○コの入り口。女の人の、いちばん恥ずかしいところよ。さあ、ゆっくり来て…』

まるで自分自身が挿入しているかのように、歯を食いしばっていました。みっともない話ですが、もう私も完全に勃起していました。

『そうよ、ああ、来てるわ……』

佐藤君の体の合間から、うっとりと目を閉じている妻の顔が一瞬映りました。

『奥さんの中、あったかい……ヌルヌルしてる』

『そのまま、自分で腰を動かすの……できる？』

『……ピストン運動、ですね？』

『あらま、名前だけは知ってるのね。頭でっかちさん。うふふ……ああんっ！』

佐藤君が人生初めてのぎこちないピストン運動を始めると、妻は世にも情けない声で喘ぎはじめました。異様な状況の中で、妻も精神的に高揚していたのでしょう。

『ああ、奥さん、すごい……すごく、気持ちいいです！』

『あんっ、はああっ！　ああんっ……うまいじゃない、佐藤さんっ、あああっ！』

見ると妻は、佐藤君の背中に回した手にほとんど爪を立てていました。私だけしか知らない、妻が昂っている証拠でした。

『奥さんっ、もう、出そうですっ！』

『えっ、もう？』

苦しそうな妻は喘ぎ声の中、妻は素の声で驚き、あきれていました。

『ああっ、ああっ！　出ますっ！』

『ちょっ……早すぎっ、あああっ！』

あきれながらも、妻は佐藤君の精液を受け入れ、絶頂に達したようでした。

コトが終わると、妻は佐藤君の背中を優しくなでていました。

『いいこと……うちの人に知られないようにするのよ』

その夜、私はそ知らぬふりをして、妻に様子を聞きました。

「頼りなさそうな子ね。でも、私と話をしたら、ちょっと自信を持ったみたい。ときどき連れてきてくれてもいいわよ。カウンセラー代わりになってあげる」

シレッと、そんなことを言うのです。

その夜、久しぶりに妻を抱き、気持ちを整理できないまま、激しく燃えました。

あれから三年。計十回ほど、妻と佐藤君を二人だけにしたでしょうか。

佐藤君は少し自信を持ったようで、仕事の失敗も少なくなりました。

しかし、私はこのごろ、心穏やかでいられなくなりました。妻と佐藤君は密かに、私もやったことのない、アナルセックスの計画を立てているようなのです。

◉読者投稿手記募集中！

素人投稿編集部では、読者の皆様、特に**女性の方々からの**手記を常時募集しております。真実の体験に基づいたものであれば長短は問いませんが、最近のSEX事情を反映した内容のものなら特に大歓迎、あなたのナマナマしい体験をどしどし送って下さい。

●採用分に関しましては、当社規定の謝礼を差し上げます（但し、採否にかかわらず原稿の返却はいたしませんので、控え等をお取り下さい）。

●原稿には、必ず御連絡先・年齢・職業（具体的に）をお書き添え下さい。

〈送付先〉
〒101-8405
東京都千代田区神田三崎町2－18－11
マドンナ社
「素人投稿」編集部　宛

◉新人作品**大募集**◉

マドンナメイト編集部では、意欲あふれる新人作品を常時募集しております。採用された作品は、本人通知のうえ当文庫より出版されることになります。

【応募要項】未発表作品に限る。四〇〇字詰原稿用紙換算で三〇〇枚以上四〇〇枚以内。必ず梗概をお書き添えのうえ、名前・住所・電話番号を明記してお送り下さい。なお、採否にかかわらず原稿は返却いたしません。また、電話でのお問い合せはご遠慮下さい。

【送付先】〒一〇一-八四〇五 東京都千代田区神田三崎町二-一八-一一 マドンナ社編集部 新人作品募集係

人妻白書《ひとづまはくしょ》 寝取《ねと》られ懺悔録《ざんげろく》

二〇二一年七月十日 初版発行

編者◉素人投稿編集部【しろうととうこうへんしゅうぶ】

発行◉マドンナ社
発売◉二見書房
東京都千代田区神田三崎町二-一八-一一
電話 〇三-三五一五-二三一一(代表)
郵便振替 〇〇一七〇-四-二六三九

印刷◉株式会社堀内印刷所 製本◉株式会社村上製本所 落丁・乱丁本はお取替えいたします。定価は、カバーに表示してあります。
ISBN978-4-576-21088-9◉Printed in Japan◉©マドンナ社